子どもの体験 学びと格差

負の連鎖を断ち切るために

おおたとしまさ

文春新書

1491

はじめに

子どもにとってさまざまな体験が大切なのは言うまでもない。しかしいま、〝体験〟への過度な期待や、その裏返しとしての焦りが、子育て世代に蔓延している。

巷《ちまた》では「正解がない時代だし、大学入試も脱ペーパーテストの流れだし、これからは学力よりも非認知能力*が大切らしい。非認知能力を伸ばすには、いろんな体験をさせたほうがいいらしい」と言われている。非認知能力ブームから体験ブームへの流れだ。

しかも昨今は、「教育格差」のみならず「体験格差」なる言葉まで登場した。本来、体験の機会に恵まれない子どもたちを社会全体でバックアップしようというメッセージを含んだ言葉だが、子どもたちとかかわる現場からは評判が悪い。不協和音のような薄気味悪い言葉の響きが、わかるひとにはわかるのだ。実際、体験が不足すると〝負け組〟に転落するかもしれないという恐怖を、子育て世代の無意識に深く刻み込んだ。

「水泳、サッカー、武道、ピアノ、絵画・造形、英語、プログラミング……、異文化体験や職業体験に……あっ、そうそう、自然体験もね！」と、まるで体験の詰め込み教育だ。

もちろんお勉強ができることは大前提。中学受験や小学校受験や、あるいはインターナショナルスクール入学を見据えて、塾や学習教室にも通う。親たちだって自ら望んでそうしているわけではない。「呪い」にかけられて、そうせざるを得ないのだ。

二〇二四年八月には、SNSで次のような投稿に多数の「いいね」が付き、共感を集めていた。

「あれもこれもと体験系をやらせ、あちこち旅行に連れ回した結果、上の子は経験に耐性ができてしまったように見える。私が子どもの頃に味わった、価値観が変えられる経験の数々が、彼にとっては風景になっている。彼から感動の機会を奪っているのは私なのかもしれない。豊かって多分そういうことだ」

かつての学歴社会はシンプルだった。お勉強さえできて、いい大学に行けさえすれば、教育における競争の〝勝ち組〟になれた。しかしいま、「お勉強にプラスして体験型学習までも家庭の責任でお金をかけてやらせなければ、わが子が〝負け組〟に転落してしまうのではないか……」という不安を抱える親は少なくない。学びの主軸がお勉強から体験型学習に移行したわけではなく、従来のお勉強のうえに、体験型学習も追加された形だ。

「非認知能力はどこで手に入るのですか？」

「最もコスパとタイパがいい体験は何ですか？」

「どんな種類の体験をどれくらいさせればバランス良く非認知能力を伸ばせますか？」

「それらを詰め込んだ、幕の内弁当みたいな体験パッケージはありませんか？」

――ないならつくりましょう！　そうして体験がコンテンツ化され商品化され消費される。子育て世代が手にするスマホには、そういう情報が溢れる。体験が課金ゲーム化する。お金持ちほどお金をかけるので、費用や回数という意味ではますます格差が開く。学力（認知能力）のみならず非認知能力までもが、あるいは、お勉強のみならず体験までもが、教育における競争の対象になったわけだ。競争とはつまり、規格化され、評価され、比較され、序列化されることを意味する。


企業を対象にした〝人材育成〟サービスにおいて、ビジネスパーソンとして求められる素養に「〇〇力」「□□力」「△△力」のようなあたかも〝能力〟と見える名称を次々つけて、それを測定するツールをつくって数値化し、不足している〝能力〟を伸ばすための研修が商品化されるのと同じだ。

このままでは、体験を通した学びの喜びが根こそぎ奪われかねない。子どもたちの個性が〝能力〟に還元されて、序列化されかねない。子どもたちに〝格差〟が刷り込まれかねない――。教育ジャーナリストとして私は、それを危惧している。

そこで本書は、「体験格差」という言葉の響きがもつ薄気味悪さを手がかりに、親たちを体験の詰め込み教育に駆り立てる「呪い」の正体に迫る。

第一章では、体験ブームの背景を読み解く。第二章では、子どもが育つうえで本当に必要な体験は何かを探る。第三章では、「体験消費社会」とでも呼ぶべき状況のゆく先を見通す。体験格差解消を掲げて活動する団体の声も聞く。

体験や非認知能力に対する誇大妄想を解きほぐし、子どもにかかわるひとたちの肩の荷と、子どもたちが感じるプレッシャーを、少しでも軽くしたい。

＊非認知能力……やり抜く力、コミュニケーション能力など、テストでは測れない能力のこと。詳しくは一九ページ以降を参照。

「友達と何もしていないときって、ぜんぜん何もしてなくないよね?」

(Charlie Mackesy『The Boy, the Mole, the Fox and the Horse』より。
原文は“Doing nothing with friends is never doing nothing, is it?”)

子どもの体験　学びと格差　目次

第二章　子どもにとって本当に必要な体験とは何か？

第三章　裏山の秘密基地が消えた社会で

第一章　学力から非認知能力へ、お勉強から体験へ

課金ゲーム化する子どもの学び

ソニー生命保険が二〇二四年三月に発表した子どもの教育資金に関する調査によると、「学校外教育費」が、子ども一人あたり月に平均一万七五九三円と、この項目について調査を始めた二〇一五年以降、過去最高額になった。

学校外教育費とは、スポーツや芸術などの習い事、家庭学習、教室学習（塾）などにあてる家庭の支出のこと。未就学児は平均で九二一八円、小学生は一万八九一四円、中高生は二万五六七五円だった。とりわけ、未就学児は二〇一五年と比べて二倍、小学校低学年も一・八倍まで増えている。

これを報じる朝日新聞の記事の見出しには、「物価高、子どもの習い事も値上げ」とある。たしかに物価高を受けて月謝も値上げしているのだろう。しかし九年前と比べて約二倍というのは物価高だけでは説明できない。水泳だけではなくて英会話もやらせるなど、習い事や学習教室をかけもちする数が増えたと考えるのが自然だ。

少子化で子ども一人によりお金をかけやすくなったという面もあろうが、格差社会を前提にした教育競争の過熱も影響していると考えられる。

親の年収や社会的地位や学歴など、子ども本人にはどうにもできない〝生まれ〟が学力や学歴といった学業成果に強く影響していることを「教育格差」という。その存在が知られることで、「親ガチャ」という俗語も説得力をもって広く使われるようになり、二〇二一年には新語・流行語大賞のトップテンに選ばれた。

「本人にはどうにもできない〝生まれ〟によって、人生が大きく規定されてしまうのは不公平じゃないか。そんな不公平は正さなければいけない」というのがよくある教育格差議論ではある。しかし少子化の時代において、かけがえのないわが子を育てる親たちには別のメッセージを印象づけた。

「教育にお金をかけなかったがために子どもが勉強を苦手になり、十分な学力や学歴が得られず、格差社会の〝負け組〟にいちど転落してしまったら、未来永劫返り咲きはほぼ不可能」という恐怖が煽《あお》られたのだ。〝負け組〟にならないための教育課金である。全国の学習塾の平均客単価はここ数年、大幅上昇を続けている。

そこにきて昨今は「体験格差」なる言葉まで登場した。学校のお勉強以外の部分の学びでも、家庭事情による影響を免れないことが広く認知されるようになった。教育格差議論が皮肉にも教育競争を煽ったことをふまえれば、体験格差を訴えれば訴えるほど体験への課金も増える皮肉が容易に想像できる。

その結果、親は汗水垂らして稼いだなけなしのお金を、生活を圧迫するぎりぎりまで子どもの教育にかけるようになった。つまり学校のお勉強以外の部分の学びまでをも含んだ広い意味での教育が課金ゲーム化した。ソニー生命保険の調査結果はその証左であるように思われる。

朝日新聞のウェブサイトに掲載された同記事の下には、「『体験格差』が話題になっているためどこまで『体験』をさせればよいのかもわからず、できるだけさせることになる。教育産業側は少子化でマーケットが縮小している分、支払うことができる親に『子どもの成長』『子どもの将来』を説いてカルト宗教のように課金を求める」というコメントを、教育社会学者の本田由紀《ほんだゆき》さんが寄せている。

ある民間学童のスタッフは、いまの子どもたちはあれこれやらされすぎで大変そうに感じると証言する。その学童にはさまざまな習い事への送迎サービスがあり、利用者が多い。そのほかにもさらに複数の習い事をかけもちしている子どもが少なくないという。

「このまえ、今年やりたいことを紙に書いてみようという活動をしました。すると何人かの子どもたちが、やりたいことも行きたいところもないと言って固まってしまいました。『あれもやったし、これもやったし、あそこにも行ったし……。もう行きたいところなんてない』って。『一回やってみて面白かったことをもう一回やってみればいいじゃない？』と声をかけましたが、ピンときていない様子でした。これが楽しかったとか、好きだとかいう感覚もないのかもしれません。習い事にしても旅行にしても、わんこそばのように体験を与えられるばかりで主体性を失っているように見えて、心配になりました」

かくいうその女性も、自身の子育てをふりかえり、懺悔《ざんげ》する。

「いろいろやらされている子どもより、あんまり習い事をしていない暇そうな子どもたちのほうが幸せに見えるんです。それを見ていると、娘に悪いことしたなと、いまごろになって胸が痛いです。実は私自身が娘にやらせすぎていたんです。過去の自分に対して『そんなにムキにならなくても大丈夫だよ』と言ってやりたいです」

いわゆる学校的なお勉強に課金する成果が学力やその結果得られる学歴であることはわかりやすい。では、体験への課金に親たちが期待する成果は何か。それが「非認知能力」である。そしてこれこそが、現在の子育てシーンにおけるくせものだ。

「非認知能力の獲得や、ひいてはその先の学力や大人になったときのプラスアルファなど、下心満載でありとあらゆる体験をさせてきました」

そう告白するのは樽香《たるか》さん（アカウント名）。「はじめに」で紹介した「あれもこれもと体験系をやらせ、あちこち旅行に連れ回した結果、上の子は経験に耐性ができてしまったように見える」という投稿をした人物だ。

「結果どうだったかと言われると、いまのところ思っていた以上にイマイチです。まず子どもが自分で渇望してたどり着いた体験ではないですし、課金して体験させたものそれぞれがコンテンツとして完成させたうえでサービスとして提供されているものなので、東京に戻ってきてからの余韻というか余白もないなと感じます」

田舎ではお手伝いとしてやる芋掘りに都会ではお金を払わなければならないことに初めは驚いたと言う、地方育ちの樽香さん。自身の子どものころの体験には、大人になっても色褪《あ》せない学びや感動があったとふりかえる。

「芋はどこにでもすぐにたくさんできるから戦時中の食料として最適だったんだよと祖父に教えてもらったのをいまでも覚えています。子どものころ、たまの旅行で連れて行ってもらった南紀白浜で見た白砂の美しさは、いまでも忘れません。さらに鳴き砂に感動して、キュッキュとやりすぎて火傷した足の裏の痛みも……」

同じ感動をしてほしいと、わが子を国内外のたくさんのリゾートに連れて行った結果は惨憺《さんたん》たるものだった。

「しまいには『砂がつくから嫌だ』『波が嫌いだ』と言ってビーチに出ようとすらしなくなりました。いまとなっては『いつか一つでも思い出してくれるといいな』くらいに思っています。最近はあちこち連れ回さず、読書など家でできる体験を重視しています」

ときに、非認知能力とは何か。

非認知能力のインフレが止まらない

労働経済学でノーベル賞を受けたジェームズ・J・ヘックマン博士らは、「ペリー就学前プロジェクト」および「アベセダリアンプロジェクト」の結果を分析した。両プロジェクトは、子どもへの教育投資ができない環境を改善したという話であり、何か特別な英才教育をしたわけではない。

その結果、幼児教育を受けたひととそうでないひととでは、いちど開いたIQ（知能指数）あるいはいわゆる学力の差は成長に伴って消えるのに、年収や生活の豊かさには有意な差があることを発見した。そこから、ペーパーテストでは測定できない何らかの能力が長期的な影響を与えているのだろうとヘックマン氏は主張した。その「何らかの能力」こそが、「経済学者には測定できない能力」という意味での「非認知能力」なのだ。

一方、ペーパーテストで測定できるＩＱや学校のお勉強的な意味での学力をヘックマン氏らは「認知能力」と呼んでいる。ただし、経済学者たちが使う「認知能力」と、心理学者たちが使う「認知能力」は、意味が異なることに注意が必要だ。

優秀な労働者の条件を見定めたい経済学者たちは、自分たちが認知できる能力という意味で「認知能力」という言葉を使うが、心理学者が「子どもの認知能力」という場合、子どもがものごとや状況を把握・理解する能力のことを意味する。認知する主体が、経済学者なのか子どもなのかで、ベクトルが真逆なのだ。

ヘックマン氏は著書『幼児教育の経済学』（東洋経済新報社、古草秀子《ふるくさひでこ》訳）で「意欲や、長期的計画を実行する能力、他人との協働に必要な社会的・感情的制御といった、非認知能力」との表現を使用している。これが一般に、ヘックマン氏が意図するところの「非認知能力」の概念であると解釈されている場合が多い。

また、ヘックマン氏の研究を紹介してベストセラーになった教育経済学者の中室牧子《なかむろまきこ》さんの著書『「学力」の経済学』（ディスカヴァー・トゥエンティワン）にある「非認知能力とは何か」という図表には次のような項目が並ぶ。

・自己認識

・意欲
・忍耐力
・自制心
・メタ認知ストラテジー
・社会的適性
・回復力と対処能力
・創造性
・性格的な特性（Ｂｉｇ５）

「性格的な特性（Ｂｉｇ５）」とは、「外向性」「情緒安定性」「開放性」「勤勉性」「協調性」のこと。さらに中室さんは同書の中で、重要な非認知能力として「自制心」と「やり抜く力」を挙げている。

非認知能力という言葉が、「コンピテンシー」「ソフトスキル」「ライフスキル」「ソーシャル＆エモーショナルスキル（社会情動スキル）」などに置き換えられることもある。

それらを構成する要素として、ある学者は「自尊心、自己肯定感、自立心、自制心、自信、協調性、共感力、思いやり、社交性、道徳心」などを挙げるし、またある学者は「失敗から学ぶ力、人と協力できる力、違いを柔軟に受け止める力、新しい発想ができる力」のようなものを挙げる。別の学者は「目標や意欲・関心をもち、粘り強く、仲間と協調して取り組む力や姿勢」と表現する。

要するに、非認知能力に分類され、将来社会で有用に働くと期待される能力は、無限に存在する。これらすべてを身につけさせようなんて考えたら果てしない旅だ。非認知能力という概念がインフレーションを起こしている。

ここで学者ではない無責任な立場を利用して、私なりに大胆に「非認知能力」を定義させてもらうならば、「これからの時代をたくましく生きていくうえで子どもたちが身につけるべきだと大人たちが思い込んでいる、存在するのかどうかすら怪しい曖昧な力すべて」となる。数式的に表現すれば「生きる力＝認知能力＋非認知能力」と表現できる。

ただし、非認知能力を身につけること自体は決して難しいことではない。非認知能力という概念から私たちが確認すべきは、要するに、親子で楽しく会話をするとか、子ども同士で自由に遊ぶとか、おうちでお手伝いをするとか、習い事や部活を一生懸命やるなど、いわゆるお勉強以外のこともバランス良くやったほうがいいという当たり前のことだ。

ヘックマン氏の結論は、「幼児教育は投資効果が高い」である。あくまでもアメリカの貧困家庭において、幼少期に適切な教育プログラムを提供することで、彼らが将来的に社会からドロップアウトしてしまう可能性を減らす効果が期待でき、社会全体としての投資効果が大きいという意味である。

従って、そのまま日本の社会に適用できるものではないとの意見が一般的だ。ましてや幼児教育にお金をかければ偏差値五〇の子どもが偏差値六〇になるというような話ではない。だが、「幼児教育は投資効果が高い」という言説だけがひとり歩きし、幼児教育にお金をかければ非認知能力が高まって将来の年収が増えるかのような幻想が広まった。この「誤解」が現在の非認知能力ブームを招いたといっても過言ではない。

そしていま、その非認知能力ブームを土台にして、習い事、文化体験、社会体験、自然体験などの体験ブームが起きている。その盛り上がりは、かつての右脳教育ブームを彷彿とさせる。

ブームの下地は、二〇世紀のうちから用意されていた。

ハイパー・メリトクラシー化する日本社会

「生きる力」という言葉が学習指導要領に初めて登場したのは一九九八年のことだ。「確かな学力」「豊かな人間性」「健康・体力」の三要素から構成されている。このころから学校的な「お勉強」以外に「人間力」的な素養が子どもたちに求められるようになった。文部大臣の諮問を受けた中央教育審議会が一九九六年に「二一世紀を展望した我が国の教育の在り方について（第一次答申）」として次のような表現をしたことがきっかけで、以降、体験の重要性がたびたび強調されるようになる。

体験は、子供たちの成長の糧であり、［生きる力］をはぐくむ基盤となっているのである。しかしながら、（中略）今日、子供たちは、直接体験が不足しているのが現状であり、子供たちに生活体験や自然体験などの体験活動の機会を豊かにすることは極めて重要な課題となっていると言わなければならない。こうした体験活動は、学校教育においても重視していくことはもちろんであるが、家庭や地域社会での活動を通じてなされることが本来自然の姿であり、かつ効果的であることから、これらの場での体験活動の機会を拡充していくことが切に望まれる。

これが、学校週五日制の導入などに象徴される二〇〇二年からのいわゆる「ゆとり教育」の前振りだった。学校がなくなる土曜日に、家庭や地域で体験活動をしなさいということだ。

同じころ、一九九九年に小渕政権のもとで提出された「経済戦略会議」の答申では、「健全で創造的な競争社会」が提唱された。日本経済の回復のために、「行き過ぎた平等社会に決別し、個々人の自己責任と自助努力をベースとし、民間の自由な発想と活動を喚起することこそが極めて重要である」というのだ。ここから日本社会は急速に、競争社会、格差社会、自己責任社会、個体能力主義社会へと舵を切ったのではないかと、『「能力」の生きづらさをほぐす』（どく社）や『格差の〝格〟ってなんですか？』（朝日新聞出版）の著者で組織開発コンサルタントの勅使川原《てしがわら》真衣《まい》さんから教えてもらったことがある。

旧来の学力的能力観でひとを序列化するいわゆる学歴社会を、前出の教育社会学者・本田さんは「日本型メリトクラシー」と呼び、「生きる力」のようなより広範な能力観までをも含めた序列化社会を「ハイパー・メリトクラシー」と呼ぶ。日本は既に日本型メリトクラシーとハイパー・メリトクラシーの並立状態であると、本田さんは著書『教育は何を評価してきたのか』（岩波新書）で指摘する。

安全が確保された「ゲーム」のなかで行われる競争は楽しいし、それによってお互いを高めあう面もある。社会全体が右肩上がりの状態でみんなの安全が守られたうえでの競争は、ベターな立場を得るためのポジション争いにすぎないので、「ゲーム」としてやればいい。でも中間層が消え、格差や分断が目立ついま、〝競争〟は、生死とまではいかなくても少なくともひととしての尊厳をかけた争いといっていいほどに過酷になっている。

日本国内だけではない。世紀をまたぐころ、「OECD（経済協力開発機構）」は「能力の定義と選択（DeSeCo）」を行い、これからの時代を生きるうえで重要な〝能力〟を「キー・コンピテンシー」という概念にまとめた。

キー・コンピテンシーは、三つのカテゴリーと、さらにそれぞれ三つの下位カテゴリーにまとめられている（原文からの訳はおおたとしまさ）。

●インタラクティブにツールを使う
・言語やシンボルやテキストをインタラクティブに使える力
・知識と情報をインタラクティブに使える力
・技術をインタラクティブに使える力
●異質な者たちの集まりのなかでやりとりする
・他人と良好な関係をもてる力

・協力できる力
・対立に対処し解決できる力
●自律的にふるまう
・大局観をもって行動できる力
・人生のプランや個人的なプロジェクトを形成し、実行できる力
・権利や利害や限界やニーズを主張できる力

国際的な学習到達度調査として有名な「ＰＩＳＡ」もキー・コンピテンシーを念頭に設計されており、これが二一世紀の世界の教育を席巻しているといっても過言ではない。

新しい「〇〇力」を渇望するグローバル社会

もともとコンピテンシー（競合優位性）とは、成果をあげるひとたちに共通する行動特性のようなものを指す。現行社会でうまくいっている〝勝ち組〟の行動特性をお手本にしようという発想だ。ＯＥＣＤがしていることは、それをグローバルな基準にすることだ。

しかし彼らがうまくいっているのは、彼らに絶対的な競争力があるわけではなく、彼らと似たような行動特性をもったひとたちが歴史のなかでたまたま支配階層になり、まった

く悪気なく、自分たちが過ごしやすいように社会の基礎を築いたからではないか。
それなのに特定の社会階層の行動特性をお手本にするということは、彼らに最上位の社会的地位を与え固定化することにつながりかねない。それを最上位にして、グローバルな人材市場での画一的な優劣がつけられるようになることを意味している。社会の変革も起きにくくなる。その再帰的なからくりに私たちはもっと自覚的になるべきだ。

行動遺伝学の観点からは、行動特性においても多分に遺伝が影響していることがわかってきており、たまたま有利な行動特性をもって生まれたひととそうでないひととのあいだには、本人たちにはどうにもできない格差が生まれかねない。

そのような危険性をはらむ概念に追従することにはより慎重であるべきではないかと私は思う。ＯＥＣＤはその名が示すとおり、「経済」に軸足を置いた国際機構であり、労働力として高品質な（資本にとって都合の良い）人材を育成しようとする性格があることを忘れてはいけない。

そもそも私の辞書では、「教育」と「人材育成」は似て非なるものだ。

樹木を切り倒し、枝葉を切り落とし、皮を剝ぎ、成形したものを「木材」と呼ぶ。動物を殺し、血を抜き、皮を剝ぎ、食べやすく解体したものを「食材」と呼ぶ。では「人材」

は？　人間をなんらかの目的に合致する形につくり変えることが「人材育成」だとわかる。

一方「教育」とは、educationの語源がラテン語のeducere（引き出す）であったといわれることからもわかるように、そのひとがもって生まれたものをありのままに引き出す営みだ。それぞれの個性が思いもよらない形で花開くのを励ますように見守る営みだ。

目的ありきの人材育成と、そのひとありきの教育では、ベクトルの向きが違う。人材育成で育つのはなんらかの機能を備えた置き換え可能な人間だが、教育で育つのは置き換え不可能な、つまり、かけがえのない人間だ。

人材育成でどんなに多機能に育っても、置き換え可能な存在としての自己像をもってしまったひとは、自分に尊厳を感じにくくなる。国際的に見て顕著な日本人の自尊感情の低さは、この国の教育政策が人材育成に偏りすぎていることの結果ではないか。教育によってそれぞれの個性が十分に花開いたあとに、その個性をできるだけ活かすようにして最小限の人材育成が行われるべきである。

さらに二〇一五年からＯＥＣＤは「Ｅｄｕｃａｔｉｏｎ２０３０プロジェクト」を始動し、二〇一九年には「学びの羅針盤（ラーニング・コンパス）」という概念図を発表している。そこに至る手前の二〇一八年に発表された「学びの枠組み（ラーニング・フレームワーク)」では、これからの時代に必要なコンピテンシーの構成要素(コンストラクト)として、以下のような素養が列挙されていた。

・適応性/柔軟性/調整力/敏捷性 ・思いやり ・紛争解決 ・創造性/創造的思考/発明的思考 ・批判的思考スキル ・好奇心 ・共感 ・エンゲージメント/コミュニケーションスキル/コラボレーションスキル ・平等/公正 ・グローバルマインドセット ・目標達成志向(例:グリット、持続性) ・感謝 ・成長マインドセット ・希望 ・人間の尊厳 ・アイデンティティ/スピリチュアルアイデンティティ ・誠実さ ・正義 ・情報通信技術の手動スキル(学習戦略に関連) ・将来に必要な芸術工芸、音楽、体育スキルに関連する手動スキル ・メタ学習スキル(スキルを学ぶための学習を含む) ・マインドフルネス ・モチベーション(例:学ぶ、社会に貢献する) ・オープンマインドセット(他者、新しいアイデア、新しい経験) ・大局観、認知の柔軟性 ・積極性 ・問題解決スキル ・目的性 ・リフレクティブシンキング/評価/モニタリング ・レジリエンス/ストレス耐性 ・尊重(自己、文化的多様性を含む他者の尊重) ・責任(統制の所在を含む) ・危機管

理　・自己認識／自己規制／自己管理　・自己効力感／ポジティブな方向づけ　・信頼（自己、他者、機関）　※以上、原文からの訳はおおたとしまさ

世界中の偉いひとや頭のいいひとたちが膨大な時間とエネルギーをかけて捻出したリストであるとは思うのだが、ここまでくると総花的すぎて、もはや何も言っていないに等しいと感じるのは私だけではないだろう。

そもそもこれらの〝素養〟や〝能力〟のようなものは、育てたり伸ばしたりできるものなのかも怪しい。もっといえば、実在するのかどうかすら怪しい。もともと誰にでも少なからず備わっているものであり、ひとによって、それらが発揮される場面が多いか少ないかの違いでしかないようにも思われる。

「○○力」「□□力」「△△力」のようにいかにも〝能力〟であるかのように見えるものは個人に内在するものではなく、組織環境によって発揮されやすくもされにくくもなるものだと前出の組織開発コンサルタント・勅使川原さんは訴える。

教育社会学者の中村高康《なかむらたかやす》さんは著書『暴走する能力主義』（ちくま新書）で、「『二一世紀に特別に必要な、みんなに共通する能力』などという抽象的議論を好んでするかどうか

が、私の中ではその知識人の探求的思考の有無を判別する便利なリトマス試験紙にさえなっている」「いま人々が渇望しているのは、『新しい能力を求めなければならない』という議論それ自体である」と皮肉を述べている。

しかしこのコンピテンシーなるものが「これからの時代に必要な非認知能力としてOECDがお墨付きを与えたもの」と喧伝されることは多い。まじめな親ほど、これらを一つ一つ子どもの人生のリュックサックに詰めてやろうとする。まるでスマホにアプリをインストールするように。その際に、学校のお勉強だけでは足りず、塾や学習教室だけでも足りず、さまざまな種類の習い事や、文化体験・社会体験・自然体験をさせるのである。

体験させられすぎな子どもたち

二〇一七年に拙著『習い事狂騒曲』(ポプラ新書)を書いたときに、幼少期から常に七つも八つも習い事をさせられていたという東大生たちに話を聞いたことがある。友達と遊んだ記憶がほとんどない。いまでも暇な時間ができると何をしていいかわからず、気分が落ち込むと証言した。

また当時、プログラミング、プレゼンテーション、ロジカルシンキング、マインドマップ、サイエンス教室、イマージョン（英語でさまざまな活動を行う）教室など、いかにもコンピテンシーを意識したような新進系の習い事に注目が集まっていた。
同書の中で「いまの親たちは、もう学歴だけではダメだということを知っています。バランス良く人間力を育てたいと思っています」と証言してくれたのは、二〇一六年三月に週刊『AERA』で「まだ学歴に投資しますか？」という大特集を企画した当時の編集長・浜田《はまだ》敬子《けいこ》さんだ。過酷な受験勉強が過剰な「体験獲得競争」にシフトしていることに一石を投じたかったとふりかえる。

日本がハイパー・メリトクラシー化していることを痛感した。学歴というパッケージ商品はベーシックなプランにすぎない。そこにどんなオプションを追加できるかが、親の腕の見せどころとなっていたのだ。その状況を「狂騒曲」と表現した。この章の冒頭のデータによれば、いまその狂騒曲は静まるどころかヒートアップしているといえる。

「最近の小学生は大人より多忙かもしれません。『放課後、遊びたかったなー。習い事の教室、さぼりたいなー』という声をよく聞きます。朝早くから学校に来て、学校が終わっても、毎日やることがいっぱいなのです」と言うのは、某私立小学校の教員だ。

放課後を塾や習い事で埋め尽くす傾向は、私立小学校に子どもを通わせる家庭ほど強いと想像がつく。地元で遊べる友達が少ない一方で、経済的には余裕がある家庭が多いからだ。以下、その教員にさらに詳しく話を聞く。

＊＊＊＊＊

子ども自身がやりたいと思ったり、喜びを感じたりする以前に、習い事や体験から何を得られるのかを気にしている親御さんが多い印象です。まわりと比べて、あれもさせなきゃ、これもさせなきゃというプレッシャーを感じているようです。

習い事の試合や家族のおでかけで週末も忙しいので、月曜日の朝に疲れ切っている子どももいます。親御さんにとってはリフレッシュや楽しいイベントの意味合いが強いのでしょうが、週末を家でのんびり過ごすご家庭は少ないようです。もっとゆとりをもって週明けをスタートできたらいいのになと、教員の立場からは思います。

いまの子どもたちには、根拠のない自信とか、自分への無条件の信頼みたいなものが弱い気がします。いろいろと強いられて、常に「どんな体験をしたか、成功できたのか、能力はあるか」を問われているからかもしれません。あれもこれも詰め込んだ結果、何も得られないどころか、本来もっていた子どもの輝きが損なわれてしまうことすらあります。「本人の意志で通わせています」と言う親御さんは多いのですが、子どもは親の期待を簡単に内面化してしまうので、やらされている習い事も「楽しい、行きたい」と言います。子どもの言葉は、たくさんの習い事をやらせる根拠にはなりません。

家にいるとゲーム機やタブレット端末を触ってしまうから、家でぼーっとするのもいまはすごく難しいんです。だったら習い事に行かせたり、週末におでかけしたりするほうがましじゃないかと思って、親御さんもいろいろやっちゃうんでしょうね。学校でぼーっとさせてあげるしかないのかなと思ってしまいます。

一方、少子化で、私立小学校の経営にも危機感があります。まるでいたちごっこのように、他校と差別化するためのきらびやかな体験コンテンツを取りそろえます。その結果、本来の私立学校としての教育理念がむしろ希釈されるというジレンマに陥っているのは、皮肉としかいいようがありません。

こんなことをしていても結局親の不安をなだめているだけで、子どもたちにとっての教育的な意味がほとんどないことは、中の教員たちがいちばんよくわかっています。でも、「うちはそんな小手先のことはしません」という強気なスタンスでいられるのは、ごく一部の超有名大学付属小学校だけだと思います。

＊＊＊＊＊

体験格差の議論で指摘されているように、家庭の経済的事情によってやりたいことができない子どもたちがいるのは事実である。そういう子どもたちに社会として支援が必要であることは言うまでもない。一方で、日本社会全体としてはむしろ体験させすぎで、「過ぎたるはなお及ばざるがごとし」な傾向にあるのではないか。

国立青少年教育振興機構が二〇二四年三月に発表した「青少年の体験活動等に関する意識調査（令和四年度調査）」では、世帯年収二〇〇万円未満と一二〇〇万円以上の両極において、放課後や休日の過ごし方の満足感が低い傾向が報告された。高所得層で満足感が減るのはなぜか。理由の考察はないが、興味深い。またコロナ禍で全体に「体験活動」が減っているとする一方で、「保護者が子供に活動的な過ごし方を希望しているのに対して、青少年は家でゆっくりできる過ごし方を希望する傾向がみられる」とも指摘している。

「放課後ＮＰＯアフタースクール」という団体が二〇二三年に行った調査によれば、小学生

図1　放課後に何をして過ごしたいか

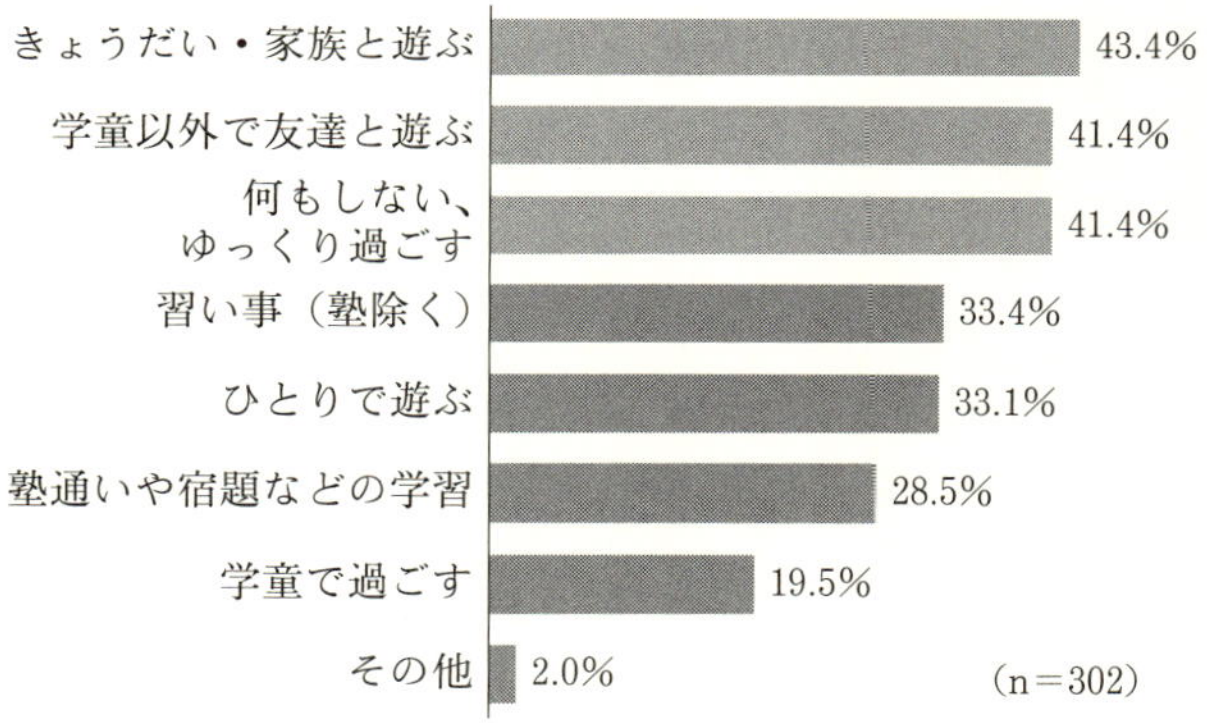

出典：放課後 NPO アフタースクール「小学生の放課後の過ごし方に関する調査レポート」（2023 年 11 月 14 日）より

の四人に三人が放課後にもっと友達と遊びたいと望んでいる。忙しいし場所もなくて、それが叶わないというのだ。放課後に友達と遊ぶのが週一回以下だと答えた小学生は七割を超える。放課後の過ごし方の希望を聞くと、一位は「きょうだい・家族と遊ぶ」、二位は同率で「学童以外で友達と遊ぶ」「何もしない、ゆっくり過ごす」。「習い事」は四位であり、二位と四位の間には割合に大きな差があった（図1）。

体験をたくさんしたほうがいいと煽られた結果、お金のある子どもたちはたくさんの習い事をさせられる。かたやお金のない子どもたちは、遊ぶ相手すらいない状態で地域に残される。そんな、小学生たちの放課後の分断が目に浮かぶ。

日本体育大学教授で「子どものからだと心・連絡会議」議長の野井真吾《のいしんご》さんらは、「子どものからだの調査二〇一五」の結果をもとに「子どもの〝からだのおかしさ〟に関する保育・教育現場の実感」という論文をまとめている。そこには「被虐待児と同じ症状を呈しているのが日本の子どもたちの身体特徴と解釈することができる」「塾や習いごとで多忙な毎日を送り、子どもであっても自己責任が問われ、常に競争することが強いられる上に、将来の希望さえ抱きにくい」というショッキングな表現が並ぶ。

二〇二四年一〇月に東洋経済オンラインで配信された記事で野井さんは「教育の『遊び化』」が必要だと訴えている。しかし現実社会ではそれとは逆に、遊びまでもが非認知能力を獲得するための教育手段と見なされ、子どもたちにどんな〝遊び〟をさせるべきかという不気味な議論すら聞こえてくる。いわば「遊びの『教育化』」だ。〝遊び〟の延長線上には〝体験〟が置かれている。

強迫症状的な傾向としての体験ブーム

「勉強ができるようになるだけでは満足せず、いろいろな習い事をさせている親御さんが増えている印象があります」

精神科クリニックやカウンセリングルームに勤務するかたわら中学受験生の保護者のための相談室を開設している、臨床心理士で公認心理師の有馬佐知子《ありまさちこ》さんが教えてくれた。

「反発して『やらない！』と言える子どもならいいんですけど、意外となんでもこなせちゃう子が心配です。自分が本当に何をしたいのかがどんどんわからなくなっていくことがあるんです」（有馬さん、以下同）

主体を奪われた自分といってもいいだろう。

「たとえば子どもキャンプに参加させて、『自然を好きになってほしいな』『お友だちをたくさんつくってほしいな』と親が思っていると、子どもは敏感にそれを感じて、そのようにふるまいます」

――三泊四日で子どもキャンプに参加しました。日本全国から来たたくさんのお友だちができました。最初はお互いに遠慮していたけど、すぐに仲良くなれました。みんなでニジマスをつかみ取りしました。それを串に刺して焼いて食べたらすごくおいしかったです。山にも登りました。綺麗な景色に感動しました。テントを張って、飯盒炊爨《はんごうすいさん》をして、ちょっと焦げてしまったけれど、焚き火を囲んでみんなで食べたごはんの味は格別でした。自然の美しさと仲間の大切さを学びました。また参加したいです――みたいな紋切り型の作文は、大人の下心の投影でしかない。

「一種の過剰適応です。そんなことを続けていたら、いつか破綻します。苦しさが身体的な症状や自傷行為などの形で表れる可能性があります」

身体的な症状としてよく知られるのが、摂食障害や起立性調節障害などだ。

「『大丈夫です』と言う子ほど危ない。大切なのは、何を体験するかよりも、その子がまわりのひとたちとどういう関係性を取り結んでいるなかでそれを体験しているかです。関係性が抜け落ちたなかで無人島キャンプに行くよりも、しっかりとした関係性のなかで行われる近所の川原バーベキューのほうが、子どもにとってはいい体験になるはずです」

大人の評価を気にすることなく、子どもが安心して自分を出せることが大事だ。意識的に評価しているつもりはなくても、「こうなってほしい」「これができるようになってほしい」「せっかくお金を出したんだから、何かを学びとってほしい」という下心がにじみ出てしまうことが、大人には、特に親には、往々にしてある。それが子どもを萎縮させる。

「できるだけ早く不安を解消したい、解消しなきゃいけないという強迫観念をもっている親御さんが多いのだと思います。たいていの不安は時間の経過とともに状況が変化して徐々に薄れていくものなのに。強迫観念から、一時的にでも不安を解消したくて行われるのが強迫行為です。強迫行為をくり返すことで、それをしないと不安が収まらないことを学習してしまい、強迫行為をますますくり返すようになる悪循環に陥るのが、強迫症状のメカニズムだと考えられています」

子どもの将来に対する不安から、「勉強しなさい」とガミガミ言うのが止められなかったり、放課後を習い事で埋め尽くさないと気がすまなかったり、週末ごとに学びのあるおでかけをしないといけないと思い込んでいたり、日々の家族団らんでも学びにつなげる話題を選ばなきゃと思っていたりするのはどれも、強迫症状と同じ構図だ。そんな状況でも、親本人は「子どものため」と言う。

競争社会と能力主義を前提に、「体験が少ないと格差社会の〝負け組〟になってしまう」と煽られれば煽られるほど、子どもにもっと体験をさせなきゃいけないんじゃないかという不安が強くなることは容易に想像できる。不安から、「もっと！　もっと！」「子どものためだから」と子どもに体験させる親が増える。社会全体が強迫症状に陥る。

そもそも競争社会では、競争に負けたらどうしようという不安が常につきまとう。不安を解消するために、新たな能力を身につけなければいけないという強迫観念にとらわれる。次から次へと新たな能力を身につけずにはいられない強迫症状に陥る。競争社会に身を置く限り、そこから抜け出せない。

バブル経済崩壊後、競争によって社会に成長をもたらすのだと喧伝されたことは先述のとおりだ。その負の側面として、いま、私たちが暮らす社会そのものが強迫症状に陥っていると言っても過言ではない。にもかかわらず、経済成長はしていない。

大学入試のための体験斡旋ビジネス

大学入試の変化も体験ブームに拍車をかけている。

二〇二〇年度の大学入試改革では、「センター試験」を「大学入学共通テスト」に改めることや、そこでの英語民間試験や国語の記述式問題の導入をめぐるドタバタ劇に注目が集まってしまった。しかしもともとあの改革の本丸は「脱ペーパーテスト」だった。

脱ペーパーテストといえば聞こえはいいが、大学入試改革の構想を打ち上げた二〇一三年当時の下村博文《しもむらはくぶん》文部科学大臣は「総合的な人間力を見る選抜」という表現を使った。いわば、ハイパー・メリトクラシーを大学入試へ実装しようという話である。

「推薦入試」を「学校推薦型選抜」に「AO入試」を「総合型選抜」に名称変更し、これらの枠を増やしていく方針は現在も変わっていない。高三の一二月までに結果がわかることから、学校推薦型選抜と総合型選抜を合わせて「年内入試」と呼ぶことも一般的になってきた。

文部科学省の発表によれば、二〇二三年度の国立・公立・私立大学入試において、学校推薦型選抜と総合型選抜からの入学者の割合は半数を超えている。内訳を見ると、国立で約二割、公立で約三割、私立で約六割。実施率で見ると、国公立大学であっても、九割以上が学校推薦型選抜を、約六割が総合型選抜を実施している。

年内入試では、高校での成績に加え、志望理由書や小論文、面接などが評価対象にされることが多い。文部科学省のホームページによれば、学校推薦型選抜とは「出身高等学校長の推薦に基づき、調査書を主な資料として評価・判定する入試方法」、総合型選抜とは「詳細な書類審査と時間をかけた丁寧な面接等を組み合わせることによって、入学志願者の能力・適性や学習に対する意欲、目的意識等を総合的に評価・判定する入試方法」。

年内入試において受験生は、なぜその大学のその学部を目指すのか、そこで何をどんなふうに学びたいのかを、自分の言葉で表現しなければならない。説得力をもたせるためには、自分が肌身で感じた実体験が鍵になる。大学生が就職活動で「ガクチカ」をアピールするのと似ている。ガクチカとは「学生時代に力を入れたこと」。

総合型選抜対策を行う塾では、学校での探究学習や課外活動での体験を志望理由書や小論文の題材にする方法を指導する。それだけではない。一部の塾においては、総合型選抜に出願する目的で、ＮＰＯでのボランティア活動や海外スタディーツアーへの参加を斡旋するケースも見受けられる。

露骨なところでは、「大学が求める学生像から逆算した課外活動をすれば合格できる」と豪語する業者もある。大学入試突破のための体験斡旋である。本末転倒も甚だしいが、それだけニーズがあるのだろう。

総合型選抜ではどこを見られるか

かつてＡＯ入試対策予備校で指導メソッドの開発にかかわり、大学教員として総合型選抜の設計を担った経験もある藤岡慎二《ふじおかしんじ》さんに話を聞いた。現在は、地域活性化を視野に入れた高校魅力化プロジェクトのコンサルティングや、年内入試対策のノウハウを学校や塾に対して提供する株式会社プリマペンギーノ代表であり、産業能率大学の教授でもある。

「大学には、ディプロマ・ポリシーとカリキュラム・ポリシーとアドミッション・ポリシーがあります。学校推薦型選抜や総合型選抜では、受験生がアドミッション・ポリシーを満たしているかどうかを見るのであって、数学オリンピックで世界大会に出場したとか、高校時代に起業したとか、そういう尖った体験だけを求めているわけではありません」

ディプロマ・ポリシーとは、卒業認定・学位授与の方針のこと。カリキュラム・ポリシーとは、教育課程編成・実施の方針のこと。アドミッション・ポリシーとは、入学者受け入れの方針のこと。この三つのポリシーが一気通貫している。募集要項にはアドミッション・ポリシーが明記されている。

「大切なのは、体験のコンテンツではありません。体験を通して自分が得た価値観をもとにして自分が何を思考しどう行動を変え、それをどう大学での学びにつなげたいかというプロセスを言語化できることです。体験そのものよりも、自身の体験を言語化する能力を見ているといっても過言ではありません。そもそも大学とは、暗黙知を言語化して形式知に変え、さらにそれを言語によって共有して新しい知を生み出すところだからです」

その意味では、学校で部活や委員会活動を頑張ったという体験でも十分。病気をして長期間学校を休んだ体験や、両親が離婚した体験など、一般的にはネガティブにとらえられがちな話題でも構わないという。逆に体験斡旋業者にいくらお金を使っても、付け焼き刃の体験では入試を突破するのは難しいと指摘する。

「そういう業者があることは大学教員もみんな知っていますし、業者に頼った受験生はすぐにわかります。ひな形通りの体験をして、ひな形通りの教訓を得て、ひな形通りの志望理由書を書くからです。そういう受験生が語る体験には、自身の人生との一貫性も感じられません。その手の業者を利用して合格する受験生もいるかもしれませんが、彼らはそんなことをしなくても合格できたと思います。お金がもったいないですね」

ひな形通りの作文ならＡＩ（人工知能）でもできる。総合型選抜対策の塾の本来の役割は、華々しい体験をさせることではなく、受験生本人の人生に起きた実際の体験の意味を掘り下げる「壁打ち（対話）」の相手になり、それを言語化する術《すべ》を授けることなのだ。

「自分の興味がある体験にお金をかけること自体は悪いことではありません。でも、わざわざ業者に頼ってお金をかけなくても、大学でこれを学びたいという強い思いがあるならば、その思いに至るきっかけをつくった体験は身の回りにあるはずです。『これを学びたい』という強い意志がない場合には、一般選抜があります」

体験の比重が大きい海外の大学入試対策

日本の大学入試改革は欧米型大学入試への転換を意味するので、ここで少しだけ欧米の大学入試について触れておこう。

たとえばアメリカの大学を受けるには、(一)SATまたはACTと呼ばれる学力テストのスコア、(二)GPAと呼ばれる学校の評定平均、(三)教科学習以外の課外活動記録、(四)大学共通または個別テーマの小論文数本が必要だ。

名門大学を目指すのであれば、高校の成績(GPA)や、SATやACTといった共通のテストのスコアはすべてトップレベルでなければならない。SATやACT対策のための塾や家庭教師サービスもある。さらに、大学へ提出する共通願書(コモンアップ)で課外活動について書く欄は一〇項目。そこに空欄をつくらぬようさまざまな体験活動に計画的に参加する。

コモンアップに記入する項目を増やすため、東南アジアへたった数日の弾丸ボランティアツアーに参加する富裕層もいるという話はよく耳にする。

左記は、ニューヨーク在住の知人の子どもが実際にコモンアップに書いた活動の一部だ。彼は名門スタンフォード大学に合格した。

・サマーキャンプでのボランティア経験
・モロッコでのフランス語研修とホームステイ

・大阪での日本語研修とホームステイ
・フェンシング部での実績
・海洋生物学クラブでの大会実績
・アフリカン・ダンス
・トロンボーン演奏

なかでもサマーキャンプでのボランティア経験は強いアピールポイントになったという。第七学年（日本の中一相当）から第一〇学年（同・高一相当）まで四年間キャンパーとして参加し、第一一学年と第一二学年（同・高二と高三相当）では、子どもたちの世話役のジュニアカウンセラーというボランティアの立場で参加した。知人の場合、奨学制度で費用は免除されたが、通常なら一夏で一〇〇万円以上かかるキャンププログラムだ。高校によっては、大学受験対策も視野に入れて、このようなボランティアを必須にしているところもある。日本もいずれそうなるのかもしれない。

子ども食堂は「体格格差」解消のため？

ここまで確認してきたのはいわば、格差社会を前提にした競争を少しでも有利に生き抜くための各種〝能力〞を獲得する手段としての体験へのニーズの高まりである。

体験格差が指摘されるようになった背景にはこのような状況がある。格差社会を生き抜く競争の文脈において、〝体験〞は、将来役に立つ非認知能力を獲得する手段であって、単なる娯楽や思い出づくりではないという理屈だ。

学校的なお勉強の成果としての、いわゆる「偏差値」で将来が決まる「日本型メリトクラシー」社会では、おそらく起こりえなかった議論である。私たちが、学力だけでなく非認知能力を含む「人間力」や「生きる力」で人間を序列化する「ハイパー・メリトクラシー」社会に生きているからこそ、このような理屈が成り立ってしまうのである。

二〇二四年春に発刊された『体験格差』（今井《いまい》悠介《ゆうすけ》、講談社現代新書）という本の序盤には、『体験』は子どもの社会情動的スキル（非認知能力）にも関係するとされている。つまり、子どもたちへの短期的な影響（楽しさ）だけでなく、かれらの将来に対する長期的な影響もある。だからこそ、その格差を放置しておけないわけだ」と書かれている。まさにここまで確認してきた功利的な理屈を踏襲している。

さきほど、非認知能力を「これからの時代をたくましく生きていくうえで子どもたちが身につけるべきだと大人たちが思い込んでいる、存在するのかどうかすら怪しい曖昧な力すべて」と定義した。さらに「生きる力＝認知能力＋非認知能力」と表現した。それを、この文脈での〝体験〟に敷衍《ふえん》するなら、「〝体験〟とは、生きる力（これからの時代をたくましく生きていくうえで子どもたちが身につけるべきだと大人たちが思い込んでいる力）を獲得するための学びのうち、学校のお勉強以外のこと」となる。数式的に表せば「体験＝生きる力獲得のための学び－学校のお勉強」である。

一方で、その本の冒頭には、本当はサッカーがしたいのに、母子家庭の経済状況を子どもなりに慮《おもんぱか》ってなかなか言い出せなかった子どもの切ないエピソードが登場する。「息子が突然正座になって、泣きながら『サッカーがしたいです』と言ったんです」と女手一つで息子を育てる母親は告白する。著者の今井さんは「私が本書で考えたい『体験格差』というテーマが、この場面に凝縮しているように思える」と書き添えている。

だとすると、この子にサッカーをさせてあげるべきなのは、非認知能力を得てもらうためなのか？　いまサッカーをしておかないと、彼の人生に長期的な影響を与えるからなのか？　多くのひとは、「それとこれとは話が別ではないの？」と感じるだろう。

サッカーであれ勉強であれ、本気でやりたいと思っているのに本人にはどうにもならない事情でできない子どもがいるならば、なんとかしてやらせてあげたいと思うのは人情の話である。非認知能力だの格差だのという理屈はいらない。その子がサッカーをすることで非認知能力をなんら高めることがなかったとしても、子どもの純粋なやりたい気持ちを応援するという意味で、彼を支援する意味はある。

子ども食堂に喩《たと》えてみるとわかりやすい。「体格格差」や「体力格差」の解消を掲げる子ども食堂を私は知らない。「いましっかり食べておかないと体格や体力がひとよりも劣ってしまい、将来競争社会を生きるうえで不利になるから」という理由で子ども食堂が開かれているわけではない。目の前に、十分に食べられない子どもたちがいて、彼らにおなかいっぱい食べてほしいという純粋な気持ちで多くの子ども食堂は営まれているはずだ。

本来ひとに備わっているはずのそのシンプルな感情の働きを鈍らせているものこそ、競争社会における個人主義や自己責任論や損得感情だ。競争社会を生きるうえでの武器となる非認知能力を目的として〝体験〟の必要性を訴えれば訴えるほど、競争社会という前提を強化してしまう悪循環が生じる。そこに、体験格差議論のジレンマがある。

その点は著者の今井さん自身も指摘している。本の「おわりに」には次のようにある。

解決策が提示されないままに、過度に子育て家庭の不安を煽ることになれば、結果として経済的に豊かな家庭はさらに子どもの体験にお金や時間を投じ、格差を広げることにもなりかねない。

だからこそ、「体験格差」という課題を必要以上に大きく見せたり、逆になきものとして扱ったりするのではなく、データや当事者の声から見えてくる課題の実情を捉え、具体的な解決策や今後の論点を提示することで、社会全体で課題解決に向けた議論を深めていくための土台をつくりたい。そんな思いで、本書を書き進めてきた。

今井さんがお膳立てしてくれた「土台」の上に、私も議論に加わるつもりで、もうしばらく『体験格差』を引き合いに出させてもらう。

なおこの本は「子どもの『体験格差』実態調査最終報告書」をもとに書かれている。調査は、著者が共同代表を務める公益社団法人がインターネットを利用して三日間で行った。その調査における〝体験〟は、習い事や旅行、レジャースポットへのおでかけなど、学校外での体験活動に限られており、学校の林間学校や社会科見学は含まれていない。

また、「読書」「お手伝い」「友達と遊ぶ」「（親や先生以外の）大人と話す」など、子どもの非認知能力を育むうえで最重要と思われる項目が含まれていないことにも注意が必要だ。前述した国立青少年教育振興機構の「青少年の体験活動等に関する意識調査（令和四年度調査）」にはこれらの項目も含まれているし、同じく放課後NPOアフタースクールの「小学生の放課後の過ごし方に関する調査レポート」からは、子どもたちが習い事よりも家族や友達と遊んだり、のんびり過ごしたりする放課後を望んでいることがうかがえる。

体験は贅沢品か必需品かという問いが不適切

その本の序盤には、ハンバーガー店でハンバーガーとポテトとジュースのセットを一つだけ頼み、単品でハンバーガーを一個追加し、それを家族三人で分けるというエピソードも出てくる。かつて一世を風靡《ふうび》した「一杯のかけそば」の現代版である。

生きるか死ぬかというレベルではないが〝人並み〟の生活が営めない状況を相対的貧困という。具体的には、一人世帯で月約一〇万円、二人世帯で月約一五万円、三人世帯で月約一八万円、四人世帯で月約二一万円以下で暮らしている状況をイメージしてもらえればいい。

そこで著者は問いかける。「こうした家庭に生まれた子どもたちにとって、様々な『体験』の機会は、得られなくても仕方のない『贅沢品』だろうか。そうであるべきではない、

『必需品』であって然るべきだと私は思う」と。

そもそも「体験＝生きる力獲得のための学び－学校のお勉強」という恣意的な前提に立ったうえでの問いかけだから、体験は必需品であるべきという結論になることはほとんどトートロジー（同語反復的論理式）だ。

さらに僭越《せんえつ》ながら言わせてもらえば、「贅沢品」か「必需品」かという二項対立図式にすること自体が間違っている。

〝体験〟が何をもたらすかは、やってみなければわからない。たとえばサッカーという体験について、本人のモチベーションはもちろんのこと、指導者との相性やチームメイトの雰囲気によっても得られるものはがらりと変わる。仮にネガティブな経験をしたとしても、それがその子の人生にとってエッセンシャルな糧になることさえある。

さらに、苦しい家計のなかから費用を捻出して通わせてもらった場合と、誰かからぽんと月謝を出してもらった場合と、サッカーの技術が認められて特待生として迎え入れられた場合と、身近にいる大人がボランティアで教えてくれた場合とでは、子どもが受け取るものの価値の次元はおそらくまったく違う。

それがその子の人生にとって贅沢品だったのか、必需品だったのかは、事後的にしかわからない。しかもそれがわかるのは、数カ月後かもしれないし、数年後かもしれないし、数十年後かもしれない。

ただひとつたしかなのは、家庭の経済状況に関係なく、子どもが本気でやりたいと思っていることには、仮にそれが世間一般的に見て「贅沢品」であろうが、挑戦させてあげられる社会のほうが望ましいということだ。

サッカーの経験などなくても生きていけることは自明だ。サッカーができないことでその子が失うのは、サッカーに通うという体験そのものや、そこで得られる非認知能力ではない。「やりたい！」という純粋な気持ちが挫《くじ》かれて、挑戦する意欲自体が損なわれ、代わりに「どうせ……」というメンタリティーが刷り込まれることが恐いのだ。

あるいは「ゲーム機は『贅沢品』か」という問いを立ててみてもいい。本来ゲーム機なんてなくても生きていけることは自明だ。しかしクラスのみんながゲーム機をもっているのに一人だけもてない状況でゲーム機をもたせてあげるべきか否かの判断は、そのクラスの雰囲気や、それに対するその子の感じ方によって変わるのであって、ゲーム機が本来的に贅沢品か必需品かという議論は関係ない。仮に贅沢品だとしても、結果的にゲーム機が、思いもよらなかったその子の才能を引き出すこともあるかもしれない。「ディズニーランドに行くという体験は贅沢品か？」という問いもまったく同様だ。

そこでサッカーやゲーム機やディズニーランドが贅沢品か必需品かを論じても埒《らち》が明かない。その問い自体に意味がない。ではなぜそんな問いを立てるのか。

「大衆を受け身で従順にしておく賢い方法は、受け入れられる意見の範囲を厳しく制限しておいて、その範囲内で非常に活発な議論をさせることである」と指摘したのは、認知科学者であり言語学者であり哲学者としても知られるノーム・チョムスキー氏だ。いくら論じても埒の明かない議論の枠組みを設定してそこに大衆の耳目を集めておけば、みんながなんだかソーシャルグッド（社会のために善良）な議論をしている気になれるし、なにより問題を引き起こしている根本構造に目を向けなくてすむ。既得権者は安泰でいられる。

前述のコンピテンシーの議論を思い出してほしい。「より多くのひとがキー・コンピテンシーを身につけるにはどうしたらいいか？」という問いを立てて大衆に議論させておけば、そもそもなぜそのような行動特性をたまたまもっているひとが特権的な地位にいられるのかという根本には大衆の目が向かず、特権的階級が特権的であり続けられる。

同様に、決してなくなりはしない格差をなくすことに社会の注目を集めれば、そのために永遠に続く活動が既得権になる。教育格差議論も体験格差議論も、既得権者たちのそのような無意識の顕現《けんげん》として始まったのではないか。まったく悪気も自覚もなく……。なぜ「決してなくなりはしない」と言えるのかは、のちほど行動遺伝学の知見を借りて説明する。

体験格差解消活動の隆盛

こうした状況を背景に、体験格差の解消を訴える社会活動も盛んになっている。

先述の『体験格差』の著者が共同代表を務める公益社団法人チャンス・フォー・チルドレンは、塾や習い事に使える「スタディクーポン（学校外教育バウチャー、以下教育バウチャー）」の発行に約一五年の経験がある。寄付金を元手にした独自事業のほか、大阪市や千葉市をはじめとする全国の自治体からも公的な事業としての教育バウチャーの発行業務受託の実績がある。二〇二三～二〇二五年度には、三井住友フィナンシャルグループがチャンス・フォー・チルドレンに三億円規模の資金提供や人的支援を行っている。

二〇二三年から同団体は、子どもの体験奨学金事業「ハロカル」を沖縄、岡山、東京などで展開している。低所得家庭の子どもたちを対象に使途を習い事や体験型の学びに特化したクーポンを発行するほか、「コーディネーター」と呼ばれるスタッフが面談するなどの工夫もある。ハロカルのクラウドファンディングには二四二三万円が集まり、二〇二四年一〇月にはスターバックス財団から二〇〇〇万円超の支援を受けることが発表された。

認定NPO法人フローレンスは、二〇二四年八月に「こども冒険バンク」というしくみを立ち上げた。「様々な事情でおでかけすることが難しいご家庭へ、こどもの未来を応援する企業からのとっておきの体験を届けます」と宣言する。LINEを通じて会員登録すると「冒険チケット」が毎月付与され、各企業や団体がこども冒険バンクに提供する体験に無料で申し込める。公益社団法人経済同友会が体験プログラムや情報の提供に協力し、資金集めには東京都渋谷区のふるさと納税型クラウドファンディングを利用した。ふるさと納税型クラウドファンディングは節税対策になるとしていま注目のしくみだが、ふるさと納税の趣旨から逸脱するとの指摘もある。

二〇二二年には、一般社団法人リディラバ代表の安部敏樹《あべとしき》さん、花まる学習会代表の高濱正伸《たかはままさのぶ》さん、前出『「学力」の経済学』の著者で慶應義塾大学総合政策学部教授の中室さん、レジャー施設予約サービスのアソビュー株式会社CEOの山野智久《やまのともひさ》さんら四人の発起人が「子どもの体験格差解消プロジェクト」を立ち上げた。クラウドファンディングなどで寄付を募って体験機会を提供するだけでなく、体験格差の背景要因やより良い体験機会に関する研究活動を行い、政策提言・実装までを目指している。二〇二四年夏には、サマーキャンプ体験提供のためのクラウドファンディングで次のように訴えた。

現在は、国立大学においても体験や経験を重視するAO入試の導入が進み、子どもの非認知能力を育む「良い体験」がますます重視されています。一方、学校教育で利用される地域の「少年自然の家」などの野外教育施設は過去一三年間で四割が廃止され、子どもたちの体験インフラが崩れつつあります。

日本の子どもの七人に一人が相対的貧困家庭状態であるとされ、二〇二一年には過去最多の二四万四九四〇人の小中学生が不登校であると言われています。経済的困窮や社会的孤立状態にある子供達は、その環境が原因で、自然や文化に触れたり、友人や世代を超えた交流の機会に乏しいことが指摘されています。

自然や文化に触れる体験や、友達と遊ぶ体験は、子どもたちの自己肯定感の醸成や非認知能力を育むと言われ、とても重要な体験機会であり、その格差が生じているにもかかわらず現在国や行政などから体験格差の是正に対する支援がほとんど行われていないのが現状です。

しかし世の中の理解が得られなかったのか、目標の一〇〇万円の半分にも届かない金額でクラウドファンディングは終了した。

ソニーグループは、日本財団や放課後NPOアフタースクールと協働して、「感動体験プログラム」を展開している。二〇一八年から、プログラミングやAI体験など、いわゆるSTEAM教育（科学・技術・工学・芸術・数学を総合した教育）の分野に関連する体験活動を子どもたちに提供してきた。二〇二三年度の「最終報告書」によれば、活動のゴールは「体験格差縮小」。スーパーゴールは「貧困の連鎖の解消」。社会的インパクトは「体験格差を原因とした貧困の連鎖の解消」。活動の成果を測るために「言語化能力」や「やり抜く力」など一〇のコンピテンシーが予《あらかじ》め定められていた。これらの活動がコンピテンシー育成や非認知能力向上に効果的であることがデータとともに報告されている。

無料塾が増えれば教育格差はなくなるか

体験格差を論じる前提として、教育格差についても基本を押さえておこう。

二〇二〇年の新書大賞で三位に輝いた『教育格差』（ちくま新書）の著者で教育社会学者

の松岡亮二《まつおかりょうじ》さんによれば、「教育格差」とは、子ども本人が選べない初期条件である〝生まれ〟によって、学力や学歴などの教育成果に差がある傾向のこと。日本の大半の人々にとって主な〝生まれ〟とは、親の社会経済的地位、出身地域、そして性別を意味する。

家庭の経済状況によって塾や習い事に通える機会が多かったり少なかったりすることを教育格差と呼んでいるメディアも多数あるが、松岡さんの定義によれば、それは「教育機会格差」ということになる。教育機会格差は、教育格差をつくる要因の一つであって、教育格差そのものではない。その意味では、『体験格差』という本で描かれる「体験格差」は、松岡さん流にいえば「体験機会格差」と呼ぶほうがふさわしい。

熾烈《しれつ》な格差社会の中で、子どもの貧困問題とも相まって、教育格差は大きな社会問題として脚光を浴びた。だが、いちど立ち止まって考えてみてほしい。

仮になんらかの方法で教育格差の構造がなくせたとしても、〝勝ち組〟と〝負け組〟の格差が大きな社会は決して良い社会とはいえない。逆に格差社会が緩和し〝勝ち組〟と〝負け組〟という概念が希薄化すれば、多少の教育格差の構造があってもいいことになる。つまり、教育格差をなくすことは、あるべき社会の姿を目指すうえでの必要条件ではない。にもかかわらず、教育格差をなくすこと自体が目的化してしまうと、この社会に〝勝ち組〟と〝負け組〟が生まれてしまうそもそもの構造に、世間の目が向かなくなる。「どうしたら教育格差をなくせるか？」という問いに閉ざされている場合ではない——。

そんなことを無料塾の現場から論じたのが二〇二三年の拙著『ルポ　無料塾』（集英社新書）だった。

無料塾とは、主に経済的な理由で一般的な塾に通えない子どもたちに対して、無料で勉強を教える活動である。学習支援団体と呼ぶこともある。目の前に、学びたくても十分に学べない子どもがいるから、彼らは無償で勉強を教えている。

初めて無料塾を訪ねたのは二〇一七年春。ボランティアのスタッフたちがヒーローに見えた。しかし全国に無料塾が広がることをイメージしてみた次の瞬間、矛盾にも気づいた。すべての中学生が「学校＋塾」を標準装備として高校受験に挑むようになることはむしろ教育競争のさらなる激化を意味する。本当にそれでいいのか。

「塾」はそもそも、学歴社会を前提にした受験競争を戦うための強力な「飛び道具」であった。しかしいま、高校受験に関しては七割以上が飛び道具を手にしている。無料塾の存在は、日本の教育システムを生き抜くために塾がもはや必需品となっていることの皮肉な証左でもあるわけだ。

　また、無料塾の生徒が仮に困難から抜け出すチケットを学力によって手に入れたとしても、それは、別のどこかで誰かがそのチケットを失っている事実の裏返しでしかない。チケットを増やすにはどうしたらいいのだろう？

「即戦力を」「グローバル人材の育成を」などと経済界は教育にたくさんの要求をする。中学生がもっと高校受験勉強を頑張って全体の学力が底上げされれば、社会は豊かになるのだろうか。チケットは増えるのだろうか。否。

　国際的な学力調査では、日本の子どもたちは常にトップレベルである。それなのに、もっと底上げしろというのか？　先進国のなかでこの数十年賃金が上がっていないのは日本くらいである。チケットが足りないのは、雇用の劣化の問題であり、教育問題ではない。

　無料塾の活動に支援を申し出てくれる企業や財団には、いわゆるエリートと呼ばれるようなひとたちも多い。彼らと話をしていて、認識にズレを感じることも少なくないともらすのは、無料塾界のオピニオンリーダーで「八王子つばめ塾」を運営する小宮位之《こみやたかゆき》さんだ。

「勉強ができる環境を整えてあげさえすれば、本人の努力次第で誰でも難関大学に入れるはずだと思ってるひとも少なくありません」

　でも実際には、勉強で成果が出やすい子と出にくい子がいる。

「それって裏を返せば、環境を与えられたのに結果を出せなかったひとは自己責任だという理屈につながりかねませんよね」

八王子つばめ塾の理念は、「自分さえ良ければいい」「お金さえあればなんとかなる」という価値観を離れ、「自分もいつか人の役に立てるような人になりたい」という青少年を育てること。彼らは〝生まれ〟によって生じる教育競争の有利・不利を是正しようとしているのではなく、〝勝ち組〟も〝負け組〟もない世の中をつくりたいと思っているのだ。この根本を理解しないと、無料塾とは何かを見誤る。

『ルポ　無料塾』では、究極の〝生まれ〟要素である遺伝の影響について十分に踏み込めなかったことが心残りだった。そこで執筆後、行動遺伝学者の安藤寿康《あんどうじゅこう》さんに対談をお願いした。東洋経済オンラインに掲載された対談の主要部分を以下に転載する。

遺伝的要因までを考慮に入れて教育格差をとらえ直すことで、いくら論じても埒の明かない議論の範囲の外に出ることができる。いや、外に出ざるを得なくなるのだ。

教育の均質性が高いほど遺伝的な差が出やすい

おおた　親の社会経済的地位や出身地、性別などの〝生まれ〟によって、学力や最終学歴に差がつく傾向のことを教育格差といいます。結果的に学力差がつくことが問題なのではなくて、本人にはいかんともしがたい〝生まれ〟と学力・学歴が相関していることがフェアではないという問題提起が、主に教育社会学の分野からされてきました。いわゆる「親ガチャ」ですね。そこでいきなりですが、核心に迫る質問をしたいと思います。教育社会学的な意味でいう〝生まれ〟の影響を打ち消せれば、教育格差はなくなるのでしょうか。

安藤　行動遺伝学の立場から見れば、子どもの学力に対する影響力は、遺伝が約五〇％、家庭環境（親の社会経済的地位など）が約三〇％、残り（いい先生と出会う偶然や本人が変えられる要素）が約二〇％です。親の社会経済的地位に由来するように見える影響のうち半分くらいが、実は遺伝的要因の反映（環境と遺伝の受動的相関）だということもわかってきています。

おおた　とすると、いくら家庭環境や教育環境の差を埋めても、遺伝による差が残ってしまう。

安藤　その通りです。教育社会学会にも参加して、私はそう主張しましたが、あんまり反応はよくありませんでした。理論的にそうなるだけではなく、実証もされています。アメリカに比べて、日本社会における学力の遺伝率は若干ですが高く出ます。アメリカよりも均質な教育が行われているので、遺伝の差が出やすいのです。

おおた　みんなが同じ条件で教育を受けられる社会で結果の差ができたとしたら、それは努力の差ではないかと思われがちですが、実は遺伝の差だったということになりかねない。それこそ本人にはいかんともしがたい。

安藤　もちろん社会経済的地位の影響も一定程度はあるので、そこを埋める努力を社会として続けることは大事です。特に一点二点を争う受験競争においては、この違いが合否を分ける可能性がある。無料塾の役割はまずはそこにあるのだと思います。

おおた　学業的な成果の約半分が遺伝で予測可能と聞くと、夢も希望もないディストピア（ユートピアの反義語）に暮らしているような気がしてくるひともいるかもしれません。そこで、遺伝に関する前提をちょっとだけ整理しておきましょう。遺伝率というのは、親に似る確率という意味ではなくて、もって生まれた遺伝的特性がどれくらい影響するかということですよね。

安藤　そうです。

おおた　両親からどういう遺伝子を受け継ぐかはまさしく「ガチャ」ではあるけれど、「カエルの子はカエル」という話ではなくて、むしろ受け継いだ遺伝子の組み合わせによっては「トンビがタカを生む」ことが十分あり得る。

安藤　ただし、いちど受け継いだ遺伝子の組み合わせを変えることはできなくて、その遺伝的特性の影響を受けながら生きるしかありません。身長や体重については遺伝の影響が九〇％以上あります。知能や学力に関しても、遺伝の影響が五〇％くらいはあると考えられているということです。

おおた　でもそれを夢も希望もない残酷な話だととらえてしまうのは、そもそも教育に対する考え方が偏っているからだと思うんです。

安藤　教育格差と経済格差が世代間連鎖する構造を変えていく糸口はそこです。一般的にこういうところで「学力」といった場合、入学試験で測られるような能力になりますよね。いわばジェネラル（一般的）な教科学習能力です。学校で教わる教科内容は、人類が長い苦悩と歓喜の歴史のすえに生み出し発見した文化的知識の集大成で、その知識によってわれわれの社会は動いているわけですから、これは試験で測られる点数の高低いかんにかかわらず、やはりひととして誰でも知る機会を与えられるべきジェネラルな知識だと確信しています。

おおた　もちろんです。

安藤　でもジェネラルとは反対のスペシフィック（限定的）な能力もある。つまり、ひとによって、関心が向きやすい分野とか得意不得意というものが生来的にある。たとえば料理にすごく関心があったり、料理人になる素質が遺伝的に高いひとというのがいます。ですが、それは学力としては評価されません。社会に出て発揮され、評価されるべき能力は多種多様なのに、なぜか学力だけに集約して教育を語ろうとしてしまう。そもそもそこに無理があるわけです。

おおた　学力も遺伝的特性の発現である部分が半分くらいはあるのですから、勉強が苦手な子にむりやりひとの何倍もやらせたりしない限り、不利は埋められない。遺伝までを含んだ広い意味での〈生まれ〉によって学力や最終学歴に差がつく傾向を本気でなくそうと思ったら、そこまでしなければならない。だったらそこまでしてあげればいいじゃないかって考え方もあるとは思いますが、そこで私は「えっ、ほんと？」となるんです。

安藤　僕はおおたさんのその視点に共感するんです。

おおた　だって、かけっこが遅い子をつかまえてひとの何倍も走らせたりしないじゃないですか。絵が苦手な子に、ちゃんと描けるようになるまで帰さないとかやらないじゃないですか。でも、勉強に関してはそこまでやることが正義であるかのようについ思ってしまう。足が遅くても絵が下手でも社会に出て困らないけれど、勉強ができないと社会に出てから困ると、多くのひとが思っているからですよね。

安藤　ジェネラルな学力が何らかの能力を測っていることはたしかだけれども、それが社会に実装されたとき本当に意味のある能力なのかといったらそうでもないということはみんなわかっているのに、一方で、学力やその結果得られる最終学歴によって社会に出てからの地位や収入が違ってしまう構造を、受け入れてしまっている。

おおた　たまたま知能や学力に関して有利な遺伝的特性をもったひとたちが圧倒的に有利な社会構造になっている。

安藤　料理でもスポーツでも芸術でも建築技術でも介護でも、人類はさまざまな文化的知識を生み出してきました。これらを学んで身につけたものを広く〈学力〉というのなら、いろいろなところにニッチ（ほかのひとがいないすき間）ができて、それぞれのもって生まれた遺伝的特性にマッチする学びや仕事が必ずみつかるはずです。教育の成果というものをそういうふうに広くとらえ直していくしか、格差の連鎖の構造を変える方法はありません。行動遺伝学をふまえれば、論理的な答えはそれしかない。

おおた　私たちはできるだけ学力差が小さくなる世の中を望んでいると言っていながら、

一方で、世の中のほとんどのテストは、結果が正規分布するように考えてつくられているわけです。差がないと困るから、わざと差をつくり出しています。どんなに学力差が縮まったとしても、偏差値をはじき出せば、上から下までくっきりと差がつけられます。

安藤 教育成果のとらえ方を変えない限りその矛盾から抜け出せません。遺伝的な理由による〈学力〉の違い自体が遺伝的に適応的な学習の成果だととらえ、要するに「差があって当然。むしろ違いがあることこそ望ましい」という学習観を確立すべきだと考えます。

教育格差は教育で解決する問題ではない

おおた 〝生まれ〟によって学力・学歴が変わってしまうのはアンフェアだという考えがある一方で、公正な競争の結果できた達成度の差によって地位や収入が変わるのは当然だという考え方があります。いわゆる能力主義（業績主義、メリトクラシー）です。でも知能や学力の約半分が遺伝で説明できてしまうという事実を前にしたとき、そもそも能力主義は成り立つのでしょうか。

安藤 学力のような特定の能力の高いひとほど有利な立場に立つ権利があるとする能力主義は、遺伝的不平等がそのまま社会的不平等になるという意味で、成立させてはならないことだと考えています。

おおた　行動遺伝学の立場からすれば、公正な競争にもとづく能力主義という概念自体が幻想であると。そんなことを追い求めても出口が見つかるはずがないと。

安藤　そうです。代わりに、どの領域にもその領域において有能なひとが配置され、その能力をさらに高めるように教育されることが望ましいという意味での〈能力主義〉は歓迎されるべきだと思います。その結果として、どんな能力の持ち主でも社会のどこかでその有能性が発揮され、それによって極端な貧富の差や機会の不平等が生じない社会となっていることが必要だと思います。

おおた　社会経済的地位に代表される〝生まれ〟による影響さえ打ち消せれば公正な競争が実現すると思い込んだままだと、そっちに希望を感じちゃうから、いまの社会の現実を変えなければいけないというモチベーションが相対的に抑制されてしまいます。知能や学力の半分は遺伝で説明できちゃう以上、公正な競争なんてあり得ないんだという事実を直視することで初めて、この社会の現実を変えるほかに道はないんだと背中を押されます。みんながそれに気づけば、変わるんじゃないかと私は考えています。

安藤　僕もです。教育社会学と行動遺伝学とどちらが偉いかではなく、それぞれの知見を持ち寄って、たとえば教育格差がどの程度の幅に収まっていれば許容の範囲かというような建設的な議論ができるといいなと思っています。

おおた　ここまでの話をまとめると、教育格差と経済格差が相互に連鎖するサイクルを断ち切るために有効なのはどうやら、公正な競争を実現することでも教育格差をむりやりゼロにすることでもない。

安藤　学校の成績が悪くても、早くから社会に出て職業的な知識を身につけて立派にやっているひとたちが世の中にはたくさんいます。職業によって収入に大きな差をつけるのではなくて、誰でも幸せに暮らすのに十分な稼ぎが得られる社会にしていければいいと思います。実際ちょっと前までみんなが中流だと思っていたのに、いつの間にか格差社会になってしまった。

おおた　その結果、教育格差のような教育段階における差が、社会における上流と下流を分けるクリティカルな分岐点のように見えてしまうようになりました。たぶん、社会における格差がさほど目立たなければ、教育格差が存在していてもそんなに気にならないはずだと思うんです。教育格差というと教育問題のように思われがちなんですが、本質は、教育を受けたあとに待っている社会の豊かさとか平等性の問題なんだと思います。

安藤　一般的な学校教育のなかで軽視されているような才能をもっているひとたちがそれぞれの持ち場で才能を発揮してくれているから社会は回っているわけです。だから電車は時間通りに来るし、どこの町にもおいしいラーメン屋さんが一軒くらいはあるし、介護施設もたくさんあるし、保育園だって利用できるし、公衆トイレはきれいだし。いわゆるエリートだけでは社会は回せない。

おおた　だからそれはもう単なる役割分担で、仕事に貴賤なんてないし、どっちが上等な人間かなんて発想自体がナンセンス。どんな仕事に就いても安心して幸せに暮らせるだけのお金をみんながもらえるような社会にしようと思ったら、たまたまお金がたくさん集まるところで仕事をしているひとたちは、余ったお金を社会に還元しなきゃいけない。その方法の一つが納税です。だから、たくさん納税していたとしても、それは単なる役割分担であって、威張るようなことじゃない。世の中、みんな回り回ってもちつもたれつなんだから、おしなべて見れば貢献度の差なんてあるわけがない。

安藤　正解！　かくいう自分が常にそう思えているかというと、やっぱりあいつ、ちょっと怠けているんじゃないかと思うことがないとは言えない（笑）。

おおた　あいつ、ただ乗りしてるだけじゃないか、みたいな。

安藤　でも、ただ乗りしているやつが多少いる社会でいいんじゃないかとも思います。僕もときどきただ乗りさせてもらって、ちょっとお目こぼししてくださいよ、みたいな。

おおた　そのおおらかさは大切ですね。そういうゆとりのある社会なら、もっと助け合えて、格差も問題になりにくいと思います。

安藤　アフリカの狩猟採集民族の村がそんな感じでした。世の中のしくみがある意味で透明で、誰もが大人になったらだいたいこんなことをやって、だいたいこのぐらいの幅で個人差があって、いろんなキャラと能力の差があることもだいたい見えていて。それが人間社会の自然な姿だったんじゃないかって、人生観が変わりました。

おおた　でも、現代の日本には、学力が高くないと就けない仕事みたいなものがあって、そういう仕事に就いているひとのほうが上等だと思い込んでいるひとたちが一定数います。九年間とか一二年間とかの学校生活のなかで、学力による序列を内面化してしまっているのだと思います。

安藤　それも幻想ですよね。

おおた　その点、無料塾はまさに、困ったときはお互い様という助け合いの場だし、いろんな大人がいろんな生き方をしていることを知る場という意味が実はとても大きいんです。

それが子どもたちの希望になるんです。

安藤　そもそも無料塾は、それを運営するひとがよそで収入を得て生活ができている限り、あるべき教育の姿だと理論的にいえると考えます。なぜなら教育は、生物学的には互恵的利他主義にもとづく動機に根差すものであり、無償で成立するのが自然だからです。特にヒトの場合、教育の結果得られた知識や技術が個人の利益にのみ還元されるのではなく、公共性をもつものとして機能します。無料であるということは、巡り巡って公益に資することになるはずです。

おおた　教育は公共財だという発想ですね。歴史的な理由もあって、それが日本ではあまり根付いていません。教育の結果得たものを自分のために使うのか、社会のために使うのかという視点の違いは、社会設計に大きくかかわると思います。教育の結果得た学力や学歴を、自分の努力の賜物だと思うひとが多い社会では、それを自分のために使って何が悪いんだという理屈がまかりとおってしまう。でも行動遺伝学と教育社会学の知見を合わせて知っていると、それが大きな勘違いであるとわかります。学力に重きを置いた能力主義や公正な競争などという幻想を捨てて社会が変わるとしたら、まずはそこからではないでしょうか。

不平等解消のための体験支援は悪循環を招く

〝生まれ〟が学業成果に大きな影響を与えていることを、教育社会学は明らかにした。それが教育格差だ。それを「ペーパーテストは客観的に公正にひとの能力を測るツールなのにそこに〝生まれ〟の影響が出るのは、不平等な教育が行われている証拠だ」と解釈するのはナイーブすぎる。「公正だと思われていたペーパーテストとて、実は上流階層に有利なように設計されたしくみだった」と読み解くべきだ。

明治維新で、江戸時代の身分制度を廃止して、学問を修めれば誰でも立身出世ができる社会へと変換した。ヨーロッパの階級社会とは違い、ペーパーテスト一発で逆転可能な社会を目指したのだ。しかしそれも結局のところ、階級社会を巧妙に温存するしくみであったことが、約一五〇年の時を経て「教育格差」としてあぶり出されたわけである。

教育格差という現実を目の前にして必要なのは、公正な競争を実現することではなく、そもそも公正な競争などあり得ないことを前提に社会をつくり直すことである。

哲学者のマイケル・サンデル氏は二〇二〇年に、ＴＥＤという国際的な講演会動画サイトに、「能力主義の横暴」というタイトルで短いスピーチを寄せている。そのなかで彼は次のように述べている（日本語訳は字幕より）。
「人々に大学への進学を勧めることはよいことです。金銭的に余裕のない人でも大学に進学できるようにすることはさらによいことです。しかしこれは不平等の解決策ではありません。私たちは能力主義（メリトクラシー）の闘争のために人々を武装させることより大学の卒業証書は持たないが社会に欠かせない貢献をしている人々の生活をよくすることに注力すべきです」

みんなが高いレベルの教育を受けられるようにすることはまったく良いことだけれど、そうする目的は不平等の解消ではないと言っているのだ。もしそれが不平等の解消のためだとすると、その考えそのものが、高いレベルの教育を受けた者が社会で優遇される現状のしくみを維持・強化してしまうことになるからだ。

拙著『ルポ　無料塾』の結論とまったく同じだが、執筆当時、私はこの動画の存在を知らなかった。サンデル氏のまねをして、私はいまこう言いたい。
「子どもたちがやりたいことに躊躇なく挑戦できることはよいことです。金銭的に余裕のないひとでも習い事やさまざまな体験をできるようにすることはさらによいことです。しかしこれは不平等の解決策ではありません。私たちは、ハイパー・メリトクラシーの闘争のために子どもたちを非認知能力で武装させることより、どんな体験をしてきた子どもでも、ひととしての尊厳を奪われない社会を実現することに注力すべきです」

やりたいことがあるのに経済的理由でそれができない子どもに対しては、たとえそれが一般的には贅沢品と呼ばれる類いのものであったとしても、社会的に支援すべきだ。くさい言い方をすれば、「子どもの夢を応援する」ということだ。ただし、その支援を「体験格差の解消」と位置づけてしまうことは、あるべき社会の姿を目指すうえで、やってはいけない悪手である。

ではどんな形で子どもたちを支援すればいいか。次章で現場の想いをルポする。

第二章　子どもにとって本当に必要な体験とは何か？

一〇〇年以上の歴史がある組織キャンプ

朝九時。神戸市公営の福祉施設「しあわせの村」にあるキャンプ場に来た。神戸YMCAが主催する四つの活動がこの日ここで同時に行われる。「マンスリーデイキャンプ（幼児から小学生を対象にしたデイキャンプ）」「森のようちえん（幼児対象の森の教育活動）」「森の学校（小学生対象の森での教育活動）」「One Camp（障害者など誰でも参加できるキャンプ。以下ワン・キャンプ）」。総勢約一五〇人の参加者を三〇〜四〇人のスタッフで迎え入れる。

全体を指揮するキャンプディレクターの阪田《さかた》晃一《こういち》さんはこの日、キャンプ場に隣接する森に入り、手入れをすることになっている。その作業を、子どもたちにもわかりやすく「木こり」と呼ぶ。

阪田さんがチェーンソーに油を差し、刃を研いでいると、続々と参加者親子がやってきた。マンスリーデイキャンプの子どもたちは町中の別の場所で集合し、「キャンプカウンセラー」と呼ばれる学生ボランティアスタッフに付き添われ、集団でやってくる。キャンプカウンセラーとは、アメリカ発祥の「組織キャンプ（体験デザインされたキャンプ）」という教育プログラムにおいて、キャンプを運営する側のスタッフとして、キャンパーたちに寄り添う存在のことだ。

森のようちえんおよび森の学校のスタッフとして参加しているボランティアは、普段は町中のいたって普通の幼稚園や保育園で働く教諭や保育士たちだ。学生のころから神戸YMCAのキャンプカウンセラーとして活動していたひとも多い。

日本におけるYMCAの組織キャンプには一〇〇年以上の歴史がある。ボーイスカウト活動もほぼ同時に日本に伝わった。日本の旧制中学（現在の中学校と高校を合わせたような学校）で臨海学校や林間学校が行われるようになったのもそのころだ。

「マンスリーデイキャンプ」「森のようちえん」「森の学校」の子どもたちは一〇人前後の班に分かれ、それぞれにカウンセラーやサポートスタッフがつく。

マンスリーデイキャンプのカウンセラーはそれぞれの班で、子どもたちに説明する。

「いまから木こりをします。森が元気になるように、ときどき人間が手入れをしなければいけません。そうして切った木が、薪になります。前にみんながキャンプで使った薪も、その前に誰かが森を手入れして、薪として使えるように乾燥させておいてくれたものです。今日切って積んでおく木は、あとで誰かが薪として使います。そうやって誰かが誰かのためになることをしています」

子どもたちを「アリ化」する体験

一〇時。けたたましいチェーンソーの音が森に鳴り響く。「始まった！」と気づいた子どもたちがその近くに集まる。おそらく、木こりの仕事をよくわかっている森のようちえんと森の学校の子どもたちだ。この日初めて木こり体験に参加するマンスリーデイキャンプの子どもたちは、何が起こるのかとうかがうようにして寄ってくる。

山の斜面で、阪田さんが高さ十数メートルの広葉樹を切り倒す。その場で運びやすいサイズにさばき、若い男性二人がキャンプ場の縁《ふち》まで運んでいく。そこにはすでに軍手をはめた子どもたちの列ができていた。切り出された枝を、キャンプファイヤー場まで運ぶのだ。大きな枝は三〜四人で力を合わせて持ち上げる。何十キロもある丸太は転がして運ぶ。

ちょっと離れたところからその様子を見ていると、まるでアリの行列だ（写真1）。天から与えられた大きな餌を見つけて、そこまでみんなで行列して、少しずつさばいて、みんなで力を合わせて巣穴まで運ぶ、アリの行列を見ているようだった。

阪田さんが森に分け入り、森にとって余剰と思われる木を切り倒し、人間にとっての恵みとさせてもらう。それを子どもたちが運び、薪になりそうなものは乾燥させるために薪

写真１　神戸 YMCA によるデイキャンプ

置き場に積み上げておく。乾燥したら、いつか誰かが燃料として使う。薪にならないものはキャンプファイヤーに投げ込み、その場で燃やす。一連のサイクルだ。

子どもたちはみんな最初は遊んでいた。余白だらけの時間だった。阪田さんが森に入って木こりになることで、仕事が生まれた。

予め決められた役割分担なんてない。自分の仕事は自分で見つける。切り出された木をせっせと運ぶ子どもたちもいれば、まわりの落ち葉を黙々と掃く子どももいる。汗だくになってキャンプファイヤーに枝を投げ入れるＹＭＣＡスタッフのお手伝いをしようとする子どももいる。大きな火柱を見上げ「あったかいなー」とつぶやく子どもたちもいる。ただ走り回っている子どもたちもいる。遊んでいる子どもたちもときどき仕事をする。逆に、仕事をしていた子どもたちが遊び始めることもある。子ども個人のなかでも、集団全体としても、仕事と遊びが呼吸のように入れ替わる。

見事に「二割の法則」だ。アリの集団ではたいてい、二割の働きアリが猛烈に働き、六割のアリが普通に働き、二割のアリがさぼっているといわれている。だからといってさぼっている二割が無意味なのではない。彼らは余力としてそこにいて、いざというときにバックアップに回るのだ。

役割分担を申し合わせたわけではないのに、それとまったく同じ組織模様を、子どもたちが織りなしていた。それがまるで、一つの大きな生命体に見える。森の力が、まるで脈打つ血液のように人間の集団内にまで流れ込み、秩序とリズムをつくり出している。森と人間をつなげ、流れをつくり出す結節点に、木こりとしての阪田さんがいる。

アリの一匹一匹はもちろん個別の動物だが、アリは一匹では存在できず、巣の集団全体として一つの生命体である――。私は思った。これは、子どもをアリ化する体験だ。

個としての自意識を取りのぞき全体の一部として溶け込ませる。もちろん政治的な意味での全体主義とは違う。自然と調和した存在になる体験だ。子どもたちをゲストとして自然に触れさせるのとは意味合いの次元が違う。

できるひとは他人のために余裕を使おう

一一時。チェーンソーの音が止《や》んだ。一一時二〇分、みんなでつくったキャンプファイヤーのまわりに子どもたちが集まり、丸くなる。スタッフには、まかないの食事がふるまわれた。木こりを終えた阪田さんも、それを頬張る。

ちょうどそのころ、ワン・キャンプの参加者も到着した。障害があるひと、不登校経験者、トランスジェンダーなど、さまざまな背景をもったティーンエイジャーが中心だ。

ワン・キャンプに参加しているゆたかさん（仮名）は、先天的な染色体異常に起因する特性をもっている。年齢は二〇歳そこそこだがもっと年上に見え、精神的には小学生くらいの発達段階にある。就労継続支援B型という形態で働きながら、親元で生活している。

YMCAの各種キャンプの常連で、みんなの人気者。顔なじみの保育士が歌遊びの「おちゃらか」を教えると、目を輝かせた。顔なじみのスタッフを見つけては、「おちゃらかやろう！」と声をかける。勝っても負けても、「おちゃらかって、面白いなー」と言いながら、うっとりと幸せそうな表情を浮かべる。

キャンプファイヤーで体が温まり、ゆたかさんの笑顔で心も温まる。そんなほんわかした空気が、しあわせの村を包んでいた。

このころになると、朝から大活躍だった若い男性二人も、仕事をやり終えてほっとした表情をしている。彼らは、ＹＭＣＡの職員でもデイキャンプのレギュラースタッフでもない。自身が中高生のころからＹＭＣＡのキャンプに来ていた元参加者で、人手が足りないときにかり出される。「どうせ暇だったんで」と頭をかく。

その一人、けんいちさん（仮名）は母子家庭で育ち、中学校にはほとんど行かず、通信制高校に通い、いまは中華料理屋でアルバイトをしながら母親と暮らしている。ユーモアがあって、働き者で、まわりへの気遣いもできる。スタッフからの信頼も厚い。

もう一人のまさたかさん（仮名）はいじられキャラ。私立の中高一貫校を出て、いまは大学生。「お前はまったく使えない」と阪田さんからおちょくられつつ、ホコリまみれで汗だくになりながら、いちばんつらい仕事を率先してやる。

二人を見て、阪田さんが言う。

「けんいちなんて、いろんな支援を受けながらＹＭＣＡのキャンプに来てくれていましたが、世間一般の子どもたちに比べたら習い事も旅行も週末のレジャーの体験も、圧倒的に少ないと思います。体験格差というものがあるならば、間違いなく体験レス群に分類されるはずです。でも、あれだけひとから頼られて、まわりを明るくできる。むしろ恵まれて育ったと一般的には見られるであろう、まさたかのほうが、おどおどしていて、何がしたいのかわからないことがときどきありますよ」

辛口発言を受けて、私がフォローする。

「でもまさたかさんも、ほら、いい顔してますよ。ちょっとおどおどして、控えめなところが彼のキャラ。素敵じゃないですか」

阪田さんが笑う。

途中、「やることない！」と大声で訴える元気な子どもがいた。そばにいた入道のような大男が、「やることは自分で見つけんねん！　言われたことをやっても、おもんない」と笑いながら大声で言い返す。

この大男、カナダで修行を積んだアウトドアの達人で、森本崇資《もりもとたかし》さんという。キャンプディレクターや木こりの活動に関しては阪田さんの師匠にあたる。この日は助っ人の木こりとして、阪田さんといっしょにチェーンソーを握った。自身でも子どもを対象にしたキャンプイベントを頻繁に主催している。テーマは「満たさんキャンプ」。

曰く、「保護者がお迎えに来たときに親だけ呼んで話をします。絶対に『キャンプどうだった？』と聞くな、と。それは自分が選んで参加させたキャンプが正解だったのか、確認したいだけ。そう聞かれると子どもは反射的に『楽しかった』と言うだけのロボットになってしまう。親が聞かずにいれば何かを発するはず。無我夢中でご飯を食べたり、『足痛ぇ』ってぼそっとつぶやいたり、食べたと思ったらバタンと寝たり。そういうところから子どもが何を体験したのかを想像する力をもつ。親にはそれが大切ですよね。もちろん何にもしゃべらない子もいますけど、そこは親の修行です」。

夕方、「マンスリーデイキャンプ」「森のようちえん」「森の学校」「ワン・キャンプ」がそれぞれの終了時刻を迎える。お迎えに来た保護者もいっしょに、阪田さんを囲んで終わりの会をする。阪田さんが子どもたちに語りかける。

「今日、ここでそれぞれにいろんな仕事をしたね。そのそれぞれの仕事を完璧にできるようになってほしい。できないひとに合わせるんじゃなくて、できるひとはどんどんできるようになる。完璧にやるということはペースを崩さないということ。何かができるようになると余裕が生まれるね。一人一人に余裕ができると、それが他人のために使える力になるんだ。みんなの余裕が大きくなると、たとえばもっと重い障害のあるひとや、赤ちゃんや、いろんな弱い立場のひと、困っているひとたちもここに遊びに来られるかもしれない。そういうキャンプをしたいと、僕は思っています」

キャンプに来ればいろいろなことができるようになる。でもそうやって得た力は、他人よりもより多くを得るためにあるのではない。ひとに分け与えるためにあるのだと、子どもたちだけでなく、お迎えに来た保護者たちにも伝えているように聞こえた。

＊＊＊＊＊

包摂性の真ん中にいるのは無垢な存在

デイキャンプの前日には二時間半におよぶ事前ミーティングがあった。多くは段取りの確認であったが、今回のマンスリーデイキャンプのテーマが「仕事と遊び」であることの確認と、そこに阪田さんが込めた想いが、ところどころで語られていた。阪田さんの発言部分を抜粋し、要旨がわかりやすいように再構成して記述する。自然との親しみ方とか、環境教育とか、非認知能力を伸ばす方法とか、そういう話ではない。

ネイティブ・アメリカンのヘアー族には、「教える・教わる」という言葉がありません。教えてもらわないとできない、教えてあげないとできないというのは、自意識の問題です。「教える・教わる」という概念がないということは、そういった自意識がないということです。その状態を想像してほしい。

人間が複雑な社会を生きるようになる前は、そういった自意識なんてありませんでした。なんで私がいるのかとか、私を見てほしいとか、できるように教えてほしいとか、そういう発想がない。ヘアー族の子どもは、大人がやっていることを見て学ぶんです。

子どもは何にでもなれるから、森に入れば森になりきれる。だから僕が喋ろうとすることを、子どもたちが先に喋ったりします。僕が木を切ると、「風が入ってきたね」「光が差したね」って言います。僕がなぜ木を切ったのかが、その場にいるだけでわかるんだね。「森のようちえん」の子どもたちは木こり体験に慣れているから、チェーンソーの音がしたら、集まってきます。チェーンソーの音が聞こえる前に集まったら邪魔だということもわかっています。「なんで邪魔なんて言うんだよ」という自意識はありません。「僕らが必要なんだな」と感じたら自然に動き出す。

「もうそろそろ（切った木を）運び出せるかな」「まだ大丈夫だろう」「じゃ、ちょっと遊びに行こう」。で、またちょっとして様子を見に来る。「あ、落ち葉が落ちてる。じゃ、いまこれやっとこうかな」。誰にも何も言われなくても、相手の内に自分を感じ、自分の内に相手を感じるやりとりが自然に起こる。そういう状態を目指してほしい。

自意識に囚われていると「なんだやることないじゃんか」「教えてくれなきゃできないよ」となる。「相手を思い、相手に思われる」という状態を体感できない、すなわち自意識に閉ざされた人々が信じているものってなんなのかってことを考えてほしい。それが相当怪しいものであることがわかると思う。

カウンセラーは決して自分の力の範囲だけで子どもを見てはいけない。シュタイナー教育（一九一〇年代にドイツで生まれた教育法。創始者はルドルフ・シュタイナー）的にいうと、それはとても大それたことです。そんな器ではないんですね、大人は。大人は子どもが成長していくための環境でなければならないとシュタイナーは言っています。

じゃあ、子どもはどうやって育つのかということを、シュタイナーはゲーテの言葉を借りて表現するんだけど、「太陽に誘い出されるように」って言うんです。植物が太陽に誘い出されるように、子どもも光のほうに向かっていくっていうこと。

それを比喩として受け取るってことですよ。カウンセラーとして子どもの教育を考えたときに。自分が太陽になるのは大それたことかもしれない。子どもが光に向かって伸びていくための環境になると考えたときに、自分がなるべきは、雨かもしれないし、風かもしれないし、土かもしれないし、種を運ぶ動物かもしれない。

みなさんの明日の第一の目標は、自分のグループのことは自分のグループで完結すること。「大丈夫です」「全員います」「大丈夫です。私たちは全員います」「大丈夫です。私たちは無理はしません」「大丈夫です。私たちは水を飲むこともごはんを食べることも、自分たちでします」。それができるひとたちが初めて、余剰分の力を、ひとのために使えるわけです。

赤ちゃんも来るよね。障害のあるひとも来ます。明日もう一つ感じてほしいのはつまり包摂性なんです。ある場所があって、ある構造がつくられてて、ある体制を組んだひとたちがいれば、包摂性はどんどん高まるんです。明日はそういう状況になります。その雰囲気を体験すれば、たまきちゃん（仮名）にも来てほしいなと、思うと思います。気管切開をしていて胃瘻《いろう》もしている車椅子のたまきちゃん、わかるよね。どんな障害があっても、こんなところなら参加したいなと思ってくれると思います。それが「余裕」なんだよ。

誰かが集団のなかで余裕をもっていれば、いろんなひとを包摂できる。全員が森に入って木を切らなくてもいい。木こりを支援したり、それを取り囲んで、いろんな仕事ができる。キャンプ場の掃除を手伝いたいという子が出てきてもいいと思う。何を仕事と思うかは、子どもたちにとっては自由なこと。仕事っていうのは自分のためにやるんじゃないということはなんとなく自然にわかってくる。

包摂性というのは僕らが最後までもっていなきゃいけないプライドなんです。この場所に、もっといろんなひとが遊びに来られたらいい。座っていてもいいわけだから、車椅子でもいい。だからといってそのひとが何もしていないかといえば、そんなことはない。

明日はいろんなひとが集まります。包摂性が発揮されて、ほんとにいい雰囲気になると思います。ごっちゃごちゃでわけわかんないけど、なんか笑ってるなっていう感じ。

その中心に誰がいるかをよく見ていてほしい。赤ちゃんとゆたかさん（前出の先天的な障害がある大人）だと思います。そういう無垢な存在がいると、共同体的なものがそのまわりに浮かび上がってきます。いいものに見える。

明日はあくまでも擬似的なものだけど、そういうものをたくさん体験してほしい。それが僕たちの願いです。

＊＊＊＊＊

当日は実際に、阪田さんの言ったとおりになっていた。

また、キャンプカウンセラーとしてこの取り組みにかかわり、阪田さんのようなひとから薫陶を受けることは、現代の学生にとっては貴重な体験だと感じる。かつて日本にあったといわれる「青年教育」の名残を私はそこに見る。人生にとって非常に大切だが学校では決して学べないことを学ぶ、儀式のような教育だ。

なお、マンスリーデイキャンプは年間を通して毎月行われる一一回のプログラム。年間税込二万四二〇〇円の登録料と一回三五〇〇～四五〇〇円程度の参加費がかかる（二〇二四年度）。しかしＹＭＣＡには、費用負担が難しい家庭への奨学金制度がある。寄付や助成金が豊富なキャンプには、無償に近い形での参加ができる場合もある。

以上をふまえて、今回の神戸ＹＭＣＡデイキャンプで見たものと、そこで聞いたキーワードを私なりに結びつけてみる。

阪田さんが森に入って木を切ることで、切られた木を薪にして積んだり、枝を燃やしたり、落ち葉を拾ったりという仕事が生まれた。仕事をしていると、「もっとこうしてみよう、ああしてみよう」という試行錯誤が生まれる。それは子どもにとっては遊び心になる。

つまり仕事の中にたくさんの遊びが詰まっている。遊び心いっぱいの仕事にはオリジナリティが表れる。逆に、遊んでいると、「ここはもっとちゃんと仕上げたい」とか「なんとか最後までやり遂げたい」など、仕事心《しごとごころ》が芽生えてくる。仕事心いっぱいの遊びは、結果的に子どもにとっての学びになる。つまり仕事と遊びは相互に無限の入れ子状態にある。

また、一生懸命仕事する子どもたちとおかまいなしで遊ぶ子どもたちが同時に存在し、それがときどき入れ替わる様子は、学校で授業時間と休み時間が明確に分けられていたり、会社で勤務時間と休憩時間が明確に分けられていたりするのとは違った。遊びたいのを我慢して必死に食らいついて仕事をすることは、知らず知らずのうちに他人の仕事を奪っているのかもしれない。自分は「働き者」という評価を得て〝競争〟という意味では有利になるかもしれないが、全体の調和は崩れる。それが「格差」の正体なのではないか。

本来キャンプは自然体験ではない

「僕たちが専門とする北米発祥の『組織キャンプ』は自然体験を目的としているわけではなく、民主主義教育の一環です。人々の民主的な営みとは何かを体験するためにデザインされたキャンプといえます。しかし一部の無理解やブームの影響で、日本でキャンプの目的が自然体験だといわれるようになったのは、ほんとにここ一〇年くらいです」

キャンプブームの弊害だと阪田さんはいう。一九九〇年代にキャンプにおける環境教育という一部分だけが取り入れられてしまった影響があるかもしれないとも指摘する。

「北米の組織キャンプでは、参加者は一〇人規模の生活グループを割り当てられ、グループ単位で数週間、同じキャビンで生活をともにします。グループごとにキャンプカウンセラーがつきます。生活グループの上位集団として一〇〇人規模のビレッジという単位もあります。高学年女子のビレッジとか、あえてカテゴリーでくったほうが過ごしやすい障害者ユニットとしてのビレッジなどというようにエリアが分けられます。自然豊かなキャンプ場に、いくつかの村が点在している。そんなイメージです」

日本では三泊四日程度で「キャンプ」と呼ぶが、北米のキャンプは通常二週間以上にわたって行われる。

「キャンプ場にはさまざまなアクティビティが用意されています。カヌーや山登りやサイクリングができます。午前中はアクティビティの時間です。好きなアクティビティを各々に選んで参加します。午後はそれぞれ自由に過ごします。勉強していてもいいし、ぼーっとしていてもいい。カウンセラーはその様子を観察します。日中、それぞれが個人で過ごして、夜、キャビンでお互いの体験を共有します」

広大なキャンパスを舞台にハウス（寮）単位で集団生活しながらそれぞれの学問分野を学ぶ欧米の大学の構造と同じだ。

「あるキャンプで、まったくアクティビティに参加しない子どもがいました。強制はしないけど、できるだけ何かに参加するようにとカウンセラーが促しますが、うまくいきません。その子は生活グループの仲間からいじめられるようにもなります。カウンセラーは自分がうまく対処できなかったことを悔いて落ち込んでいました。しかし最終日、その子はカウンセラーに『僕はこのキャンプ中に、図書館の本をぜんぶ読んだよ』と嬉しそうに言って、親元に帰っていったそうです。それぞれの子が、それぞれの時間を過ごす。それこそ、僕たちが大切にしたい体験ですよね」

そういう環境を提供することがキャンプ屋の腕の見せどころ。主催者の意図通りにことを運んだり、常に一致団結する予定調和的な集団をつくるだけでは、「体験がデザインされたキャンプ」とは呼べない。

「体験学習とはもともと、ある活動に参加して得たもの（体験）を実生活に活かすための手法なんです。人々に訪れた体験を扱うのではなく、『体験すること』を目的化してしまうと、いずれ実生活においても原生自然や関係性を消費するようになる怖れがあります」

ここで「消費するようになる」のは、キャンプ運営者、保護者、そして子どもたちのすべてだ。「原生自然を消費する」とは、目的達成のための道具として原生自然を位置づけてしまうことだ。「関係性を消費する」とは、「あのひとと友達になったら得する。言うこと聞かないと面倒くさいから付き合う」のような態度のことである。訪れた体験を扱うのではなく、用意した体験をこなすことを目的にした小賢《こざか》しいキャンプをしていると、そこにかかわるみんなが、実生活でも小賢しい人間になってしまうということだ。

「たとえば無人島に鶏を連れて行って自給自足をする。卵を食べるわけですね。そして最後にその鶏を絞めて食べるかどうかを全会一致するまで議論させる活動もあるそうです」

メディアでは「命の教育」などといって紹介されることも多い。

「でもそこには必然性も偶発性もありませんよね。大人が勝手に究極の選択をつくって、子どもたちに迫っているだけ。大人の自己満足です。子どもは本来鋭いから、その『やってる感』は見透かします。でも最近、心配な子どもも増えています。親に管理され、あれこれやらされすぎて、感覚が麻痺してしまっているのかもしれません」

体験とは贈与であるべき

一〇〇年以上前にアメリカ発祥の組織キャンプを日本に導入し発展させてきたYMCAのキャンプディレクターとして、阪田さんには、昨今の体験ブームに思うところがある。

体験の重要性が強調され、しかも子どもの貧困問題とも結びつけられてしまったから、子どもに〝体験〟を提供することがソーシャルグッドだと思われるようになっている。NPOも企業も行政も乗り出す。受け皿として、お金がかかる〝体験〟が量産される。なんでもかんでも〝体験〟だと銘打てばソーシャルグッドの仲間入り。それでいいのか——。

「子どもに必要なのは交換（消費）としての〝体験〟ではなく、お金の臭いを感じさせない贈与としての体験です」と阪田さんは断言する。

どんなに文明が発展し科学技術が進歩しても、私たちが原生自然からの一方的な贈与によって生かされている事実に変わりはない。いくらお金を払っても、太陽、大地、水、そこに育つ動植物からの恵みは約束されない。そして子どもたちも、共同体への贈与である。彼らをしっかりと守り育てたい。それを強い動機として、阪田さんたちがいる。

キャンプをするにはどうしてもお金がかかるけど、お金をたくさんもらえるからたくさん頑張ったり、もらえるお金が少ないから手を抜いたりはしない。世の中のニーズに迎合もしない。そこが、貨幣との交換原理で成り立つサービス業との大きな違いだ。

お金を払えばメニューから選べて誰でも参加できるような体験や、たくさんお金を払えばもっとさせてもらえるような体験は、交換（消費）としての体験。そのような体験では、子どもに力は湧かない。「力が湧かない」とは、さらなる贈与の動機づけにならないということ。交換（消費）としての体験から得たもの（たとえば学力や非認知能力）は、さらに価値のあるものとの交換（消費）に使われる可能性が高い。

ちなみに、神戸ＹＭＣＡのカウンセラーの学生たちには、恵まれた家庭の出身者が多い。そんな若者がＹＭＣＡのキャンプで、大学生になることが想像できない子どもや虐待を受けて育った子どもなんかに出会ってしまうと、ショックを受けて、自分だけのうのうと大学に通って高学歴を身につけるのはずるいんじゃないか、大学を辞めて彼らのために尽くさなければ不平等じゃないか、くらいに思い詰めてしまうこともある。

でも阪田さんは、「一喜一憂するな。まずは自分の人生に最善を尽くせ。そんな程度の覚悟で他人の人生を救えるわけがない。救うよりも、余力のある友達になれ」と伝える。たまたま恵まれているという贈与を受けているなら、それをありがたく受け取って、最大限生かして、いかに社会に還元するかを考え抜くことが使命だということだ。

組織キャンプの目的が、自然体験ではなくて民主主義教育であることを見てきた。では次に、同じく森を舞台にしながら、違う目的で活動している団体の様子を覗いてみよう。

平日の日中に森の中で行われる思考力教室

「思考力教室」をうたう私塾「いもいも」では、神奈川の有名私立中高一貫校の数学教師だった井本陽久《いもとはるひさ》さんが、さまざまな授業を考案して実践している。

たとえば平日昼間には「森の教室」なる活動を行っている。はじまりの挨拶も、おわりの会もない。活動の予定もない。なんとなく集まって、自然の中でただ半日過ごし、なんとなく解散する。自然の中で、子どもたちは思い思いに過ごす。川で水浴びする子もいれば、魚を追いかける子もいれば、ひたすら川原の岩を割ることに夢中になる子もいる。ひとりでぼーっとしていても、それが心地よさそうであれば、そっとしておく。

平日昼間ということは、子どもたちは学校に行かずにそこにいる。完全に不登校の状態の子どももいれば、森の教室があるときだけ学校を休む子どももいる。

森の教室の現場を仕切るのは、いもいも社員スタッフの土屋敦《つちやあつし》さん。アウトドアの経験が豊富で、佐渡島《さどがしま》で自給自足のような生活をしていたこともある。それでいて博識で、どこか仙人のような雰囲気がある。

「森で活動していると自然体験のように思われるかもしれませんが、やっていることは、教室でやっていることと同じなんです。教室では僕らが教材を用意しなければいけませんが、森は教材の宝庫です。子どもたちが自ら教材を見つけて、考え始めます。森の豊かな環境に対して子どもたちの無意識のなかにあるいろいろなものが総動員されて反応し、引き出され、自ら課題を設定し、夢中になるということです。僕たちスタッフは、その動きを拾ってあげる。その教育活動に対してお金をいただいているのであって、自然体験を目的とはしていません」

そこが理解できないひとが森の教室に参加したら、きっと詐欺にあったと思うだろう。森に現地集合するだけで、いもいもからは何も提供されないのだから。

虫や花の名前を教えてくれるわけでもないし（土屋さんに聞けば大概のことはわかるし、その場で検索したりもする）、火や刃物の扱いを教えてくれるわけでもないし（スタッフに見守られて真似しながら学ぶ）、ゲームや余興で楽しませてくれるわけでもない（子どもたちが勝手に始める）。月に三回の活動で、月謝税込二万八八七五円＋諸経費税込二四二〇円（東京都民で条件を満たせば都のフリースクール等利用料助成金二万円が使える）。

「このまえ、川の淵《ふち》の岩の上から子どもたちが飛び込みを始めました。ある子どもは、恐くて飛び込めない。岩の上に二時間固まって、結局飛び込まずに帰ってきました。それなんて、最高の体験ですよね」

みんなができるのに自分だけできないという、いわば負の体験をした。表面上はただ固まっていただけだが、心の中は大きく揺れ動き必死に考えていたはずだ。そもそも二時間の葛藤を待ち続けてもらえるなんて、現代の子どもたちにはなかなかできない体験だ。

学校的教育観が体験にも浸透しつつある

「やってみなきゃわからないことをやってみて、恐怖や不安や孤独を味わい、試行錯誤をくり返すのが体験ですよね。体験とは、生々しい〈世界〉に全身全霊で対峙することだと思っています。常に生死がつきまとう。その緊張感を完全に取りのぞいてしまったら、それは単なる『やってる感』です」

夢中になってほしい。つまり、我を忘れて、すべての感覚を駆使して、何かに取り組んでほしい。大人からしてみたらくだらないことかもしれない。空高く飛んでいるオニヤンマをなんとかして捕まえようでもいいし、川の向こう岸にある岩を的にして石を投げてなんとか当てようとするのでもいい。それこそバチバチに〈世界〉と向き合っている状態。それで何が得られたのか、学べたのかなんて、わからない。でも、そんな体験こそをしてほしいと土屋さんは願う。

「『私たちはこんな価値を子どもたちに提供します』なんて言えちゃったら、森の教室をやっている意味はないと思います。一生懸命言語化はしようとするけど、絶対に言語化できないことを続けていきたいと思っています」

土屋さんが言う「生々しい〈世界〉に全身全霊で対峙すること」とは、抜き差しならないものとの遭遇を通して自らと本気で出会い直すことにほかならない。新しい自分との出会いといってもいい。それが体験を通した学びなのではないか――。何を得たのかとか、何ができるようになったのかとかはおまけみたいなものだ。

「完全に安全管理し、そのなかで安心して遊ばせて、楽しませ、タイムテーブルを決めて、いろいろなプログラムを提供して、学んだ気にもさせる。そういうのを『体験』と呼ぶひとたちは、学校のお勉強と似たような感覚で、子どもたちに体験を提供したいんでしょうね。パッケージ化された体験では、みんなうまくできなきゃいけない。楽しくなきゃいけない。約束されたものが得られないといけない。教えたことができるようになってもらわなきゃいけない」

提供するプログラムの詳細な内容とその結果得られる効果を事前に提示しなければお金をもらえないと、多くの体験プロバイダーは考える。市場経済の原理に飲み込まれて、子どもの体験が消費財になっていく。また、目的が設定された瞬間、その体験はやってみなければわからないという性格を失い、子どもにとっては、大人の意図に従うだけの行為に成り下がる。大人の「やってる感」に子どもが付き合わされる構図だ。

なお、中央教育審議会は二〇〇七年の答申で、「体験活動」を「体験を通じて何らかの学習が行われることを目的として、体験する者に対して意図的・計画的に提供される体験を指して用いている」としている。そういう体験で埋め尽くされた学校が、すでに子どもたちから学びの喜びを奪い、子どもたちを失望させ、不登校を増やしているのが現状だ。

体験にまで学校的教育観が浸透するとしたら、子どもたちはどこで学びの喜びを得ればいいのか。森の教室は、学校的教育観に失望した子どもたちにとってのアジール（聖域、避難所、特殊エリア）なのかもしれない。

「楽しいけど不安もある葛藤体験を、コミュニティー（共同体）としてどう乗り越えるのかというのも体験だと思います。その意味では同じメンバーが継続的に体験を共有してコミュニティー全体として変化していくことにも意味がある。つまりそこに生まれた『文化』を体験するということですよね。卒業してしまった子の存在も、文化のなかに残る。昔なら、学校の裏山でも当たり前に行われてきた継承だと思います。人類がやってきたことの追体験ともいえます」

文化の継承とは、教育そのものだ。

「単発のイベントに見ず知らずの子どもたちが集められて、大人が用意した体験をさせられて、それぞれの家に帰るのとは、根本的に学びの次元が違うと思います。体験からの学びを深めたいなら、せめて年間プログラムとかにしないともったいないと思います」

そうなるとやはり、お金も時間もかかる。が、抜き差しならぬものとの遭遇は、本来はわざわざ森の中に入らなくても日常生活のなかにいくらでもある。気づいていないだけ、あるいは大人が子どもに気づかせてあげられないだけで。

「山奥の清流に行けば誰だってさまざまな生き物の息吹を感じられますけれど、本当に生き物が好きなひとならば、都会を流れる神田川でも生き物の息吹を感じとれますから」

それこそ優れた非認知能力だ。非認知能力を発揮して、日常生活のなかに多くの気づきをもたらしてくれる大人が近くにいれば、子どもにとってはすべてが体験になり、学びになる。子どもの非認知能力を伸ばすにはどうしたらいいかを気にするなら、まず大人が非認知能力を発揮すべきなのである。

というわけで次に、原生自然の中ではなくあえて都市部にある緑地を利用して「森のようちえん」を実践する人物に話を聞くこととしよう。森のようちえんとは、野外で自然環境を活用して行われる幼児教育の通称だ。

「必要な体験」を定義することは呪いにもなる

NPO法人「もあなキッズ自然楽校」理事長として横浜で「森のようちえん」を運営する関山隆一《せきやまりゆういち》さんを訪ねた。森のようちえん全国ネットワーク連盟の理事でもある。

関山さんは、元東大教育学部長の認知心理学者・佐伯胖《さえきゆたか》さんに師事していた。佐伯さんと関山さんらによる共著書に『子どもの遊びを考える　「いいこと思いついた！」から見えてくること』（北大路書房）がある。

その本では、遊びを子どもの自発的な活動ととらえるのは思い込みであり、その思い込みの前提の一つに「『個体能力主義』の人間観」があると書かれている。「テスト」というものが開発されたことによって、〝能力〟なるものがそれぞれの人間に比較可能な形で内在すると誰もが思い込むようになった。さらにいま、その能力観が非認知能力にもあてはめられ、遊びが非認知能力育成のための手段として位置づけられつつあると指摘する。

そんななか、子どもに「いいこと思いついた！」が「やってくる」のをともに待つことのできる個体能力主義にとらわれていない大人の存在が、その子とその子にとっての世界との関係性を豊かにする。それが『子どもの遊びを考える』の主張だ。

佐伯さんは著書『「わかり方」の探究』（小学館）で、「人間本来の活動では『遊び』と『学び』が渾然一体となっていたはずのものが、学校教育によって『勉強』が導入されることで、遊びは『勉強』の対立語になってしまった。（中略）このような、『学びから遊びを取り除く』ことに至らしめた真の原因は、学校制度の導入とともに生まれた『能力』というものである」と述べている。

「『勉強』＝『学び』－『遊び』」という式も示している。これは第一章で私が述べた「体験＝生きる力獲得のための学び－学校のお勉強」という関係に一致する。念のためにリマインドしておくが、ここでの〝体験〟は、中央教育審議会がいうところの「体験活動」であり、『体験格差』という書籍で「必需品」として語られる体験のことである。

個体能力主義的人間観および学校的教育観が「学び」から「遊び」を分離してしまった

が、逆にいま「遊び」や「体験」までもが、大人が意図をもって子どもになんらかの能力を身につけさせるための手段にされようとしている。

そうではなくて、子どもに「いいこと思いついた！」が「やってくる」ためには、「プラプラしている状態」すなわち「余白の時間」が必要だと関山さんは訴える。

「裏山に秘密基地をつくったり、家でお手伝いを頼まれたりするなかで、結果として身についていたものを便宜上『非認知能力』といっていたはずなのに、いまやその新しい能力を手に入れるための手段として、『遊び』や『体験』が利用されるようになってしまいました。森のようちえんもその手段の一つとして見られてしまうことがあります。でも本来は、生活のなかに遊びがあり、そのなかに学びがあるのが当たり前でした。遊びと学びを生活のなかに戻していくのが森のようちえんなんだと思います」

かつての教育熱心な親が子どもに高い学力をつけさせる手段として早期英才教育を利用したのと同じように、いまの教育熱心な親は、子どもに高い非認知能力をつけさせる手段として、森のようちえんなどの〝体験〟をやらせるようになっている。

能力獲得という目的ありきの大人の意図のなかで与えられる体験では、子どもに「いいこと思いついた！」が「やってくる」チャンスは奪われる。

「おもちゃメーカーがつくったおもちゃって、こうやって遊んでほしいという意図がはっきりしているじゃないですか。知育玩具といわれるものなら、そのおもちゃを通して獲得してほしい能力まで設定されている。でも、森のようちえんでは、石ころや枝をおもちゃにして遊びます。石ころや枝は、子どもの『いいこと思いついた！』に付き合ってくれて、何にでもなってくれます。そこに子どもが本来必要としている学びが生まれます」

「おもちゃ」を「体験」に置き換えてみるといい。余白性の高い体験ほど、子どもに「いいこと思いついた！」をもたらすはずだ。みんなで一斉にお絵かきしたり、お歌を歌ったり、お遊戯したりしない、いわゆる自由保育の幼稚園や保育園の魅力はそこにある。

「遊びとは、大人の意図の外で子どもが学ぶことです。学校の勉強は大人の意図の中で子どもが学ぶことなので、遊びと勉強は明確に区別されるようになりました。体験に対しても大人が意図をもってしまったら、それは遊びではなく勉強に類するものになってしまう。子どもにとっては喜びを感じにくいものになってしまいます。『子どものためにはこんな体験が必要だ』というような論を張ることは、ある意味、呪いですよね。その体験を通してなんらかの能力を得なければいけないと子どもに求めるわけですから」

個体能力主義と結びつけて体験の必要性を訴えることは、結果的に社会から子どもへの要求を高め、子どもを追いつめる危険性がある。

みんなが同じ体験をしたら多様性は生まれない

「〈世界〉との多様な関係性において、どんないいことを思いついてどんなふうに変容していくかは子ども一人一人で違うのに、『みんなに同質の体験を用意してあげるのが社会の使命だ』みたいに言うのは、何か理想の人間像みたいなものがあって、みんなをそこに少しでも近づけることが理想なんだというような教育観を前提としているんでしょうね」

みんなが平等に非認知能力を獲得できるようにしないと、子どもの将来に不平等が生じるという意見もある。しかしそういう考え方こそ、競争社会を暗黙の前提にしてしまっているし、非認知能力の多様性を無視している。

雪国に生まれれば、スキーがうまくなるかもしれない。南国の島に生まれれば、泳ぎがうまくなるかもしれない。それぞれにできる体験は違う。それを不平等とはいわない。雪国で生まれてスキーが得意なひとと、南国で生まれて泳ぎが得意なひとが出会ってこそ、多様性の高い社会だ。みんなが同じような体験を同じようにしていたら、多様性なんて生まれない。イノベーションだって起きない。

都会のコンクリートジャングルに生まれた子どもにとっても、だからこそできる体験が数多くあるはずだ。博物館や美術館めぐりかもしれないし、IT企業の会社見学かもしれない。前出の「いもいも」のような塾で、学校とは違う学びの楽しさを知ったり、学校の先生とは違う先生と出会ったりするのも、体験といえば体験である。

それぞれの地域にある生活習慣や文化と子どもたちを出会わせて、余白を与えれば、子どもたちはきっといいことを思いつき、それぞれの非認知能力を獲得する。子どもたちの「いいこと思いついちゃった！」瞬間の到来を待ち、それが来たときに気づいてあげて、見守ってあげられれば自由保育はできる。そこでこそ、大人の非認知能力が試される。森のようちえんは、たまたま森が近くにあるからそれを活用しているだけだ。

子どもは、非認知能力を発揮する大人たちの姿を見て、自分のなかにもともとある非認知能力の使い方を知らず知らずのうちに学ぶ。「都会には自然がない。だから森のようちえんができない。だから非認知能力が十分に育たない。だから自然に連れて行く体験が必需品だ」と言っている時点で、そのひとの非認知能力は足りていない。そのような大人しかまわりにいなければ、子どもは非認知能力の使い方を十分には学べない。

「東京を流れる荒川の土手だって広いですよ。いろんな野草が生えているし生き物もいっぱいいる。子どもにとっては十分に大自然です」

「子どもに豊かな自然体験を」と言うのならまず、大人が身近な自然を感受する豊かな感性を取り戻さなければいけない。実際、関山さんは横浜の市街地で、整備された緑地を主なフィールドとして森のようちえんを営んでいる。

「毎日泥んこの服を洗濯しなければいけないとか、保育のお手伝いの当番があるとか、お弁当づくりが大変だとか、森のようちえんは保護者の負担が大きいという話もあります。たしかにそうかもしれません。でも、そういう親の姿を見ることも、子どもにとっては体験です。そういう姿を見せてあげられない保護者は別の姿をお子さんに見せているでしょうし、その体験からも子どもは学びますから、どっちがいいということではない。でも、子育ての大変なところを外注しておいて、生活に役立つ非認知能力だけほしいというのは、森のようちえんをサービス業か何かだと勘違いした発想だと思います」

同じ発想で子どもの体験全般をとらえてしまうと、さまざまな「○○力」を集めるためのスタンプラリーになりかねない。

では次に、都市部でも大人から邪魔されずに「いいこと思いついた！」がやってくる余白がいっぱいの場所、「プレーパーク」を訪ねてみよう。

子どもの心の動きを具現化したプレーパーク

一歩足を踏み入れて、そこが良い場所であることがわかった。手づくり感満載の「川崎市子ども夢パーク（以下、夢パ）」のゲートをくぐった。

アスファルトのすき間からちょろちょろと伸びる雑草や、片付けられないで転がっているバケツやスコップやフライパン、土埃をかぶったままるでそこが自分の定位置であるかのようにたたずむガラクタの数々が、次々に私を出迎えてくれた。

なるほど、ここなら息ができる。

二〇〇〇年に成立した「川崎市子どもの権利に関する条例」を体現する場として、二〇〇三年に夢パはオープンした。

約束の時刻まではまだ時間がある。施設内をプラプラと見させてもらうことにした。パンフレットには、「ありのままの自分でいられる場　つくり続けていく場　自分の責任で自由に遊ぶ場　子どもたちが動かす場　多様に育ち学ぶ子どもの場」とある。

約三〇〇〇坪ある敷地の大部分は「プレーパーク」として使用されている（写真2）。プレーパークはデンマーク発祥の概念で、日本では「冒険遊び場」とも呼ばれている。

写真2　川崎市子ども夢パークのプレーパーク

アニメの「ドラえもん」や「ちびまる子ちゃん」に描かれる学校の裏山や空き地の再現だとイメージしてもらえばわかりやすい。そのような遊び場とそこで得られる体験がどんどん子どもたちから奪われていくことへの危機感を背景として、日本各地にプレーパークがつくられるようになった。

公園のような場所ではあるが、行政が管理する一般的な公園とは趣が違う。地面に穴を掘ってもいいし、そこに水を流してもいいし、焚き火をしてもいい。廃材を利用して掘っ立て小屋を建ててもいい。大人たちのかかわり方も違う。子どもたちの「いいこと思いついた！」を制限するような禁止事項は極力つくらないのがプレーパークの大前提。大人は口出ししない。失敗するとわかっていても見守る。少々の怪我や喧嘩は織り込み済みだ。凸凹の土の上で追いかけっこをしている子どもたちがいる。手づくりの木製巨大遊具によじ登っている子どももいる。ウォータースライダーまである。ただし行き着く先は文字通りの泥水の池。泥んこびしょ濡れになるのはお約束というわけだ。

焚き火コーナーでは、スタッフと赤ちゃん連れの母親がおしゃべりをしている。一歳くらいの赤ちゃんは、バケツに溜めた泥水に自ら浸っていた。鋸《のこぎり》や金槌がそろえられた木工コーナーでは、年配の男性が中学生くらいの女の子の工作を手伝っている。昔遊びコーナーでは、小学校低学年の男の子が若い男性スタッフからベーゴマを習っていた。

無造作に古タイヤや廃材や鍋やじょうろが転がっていたり、何に使うのか目的が決まっていない手づくりのテーブルやベンチやすのこが散在していたりする。いい感じでやりっぱなしな雰囲気がいい。「子どもたちの心の動きをそのまま形にするとこうなるんだよ」と教えてくれているような気がする。

実際子どもたちは、自分の素直な気持ちで現実を変えていくことができる実感を体験しているのだ。それを自己効力感だの非認知能力だのと名づけてしまったら、急に安っぽいものに見えてしまう。

認め合って譲り合って融け合う体験

プレーパークを受け止める弧を描くような形で、二階建てのコンクリートの建物がある。いろいろなところから出入りや通り抜けができる開放的なつくりだ。

一階のピロティ（開放空間）では中高生たちがお菓子を食べながらおしゃべりしている。半分オープンエアになっている体育館のような場所では、バスケットボールやバドミントンをする子どもたちがいた。軽音楽用のスタジオや会議室や多目的ホールもある。

その一画から、エキゾチックな笛と太鼓とマラカスの、ノリノリの演奏が聞こえてきた。恐る恐る覗いてみると、子どもも大人も入り交じってちゃぶ台を囲んでの、即席演奏会が開かれていた。ちゃぶ台にはお茶やジュースやお菓子が並んでいる。

もらいものの棚やタンスが並び、床には無造作に荷物が積まれている。いい感じで乱雑な空間だ。治外法権を得た生徒会室のようでもあるし、田舎の家の居間のようでもある。

カードゲームに興じる子どもたちもいれば、ヘッドフォンで音楽を聞いている子どもも、寝転がってゲーム機で遊ぶ子どももいる。タブレット端末で動画を見ている子どももいる。

ノリノリの演奏をしていたのは、常駐のスタッフと、子どもたちと、保護者たちだった。

誰がスタッフで誰が保護者なのか、私には区別がつかない。

一画は広いキッチンになっていて、年配のスタッフが、残った料理の後片付けをしたり、お茶を入れたり、おやつをつくったりしている。その日何をつくるかを子どもたちが決め、買い物に行き、毎日約四〇人分の昼食をつくり、みんなで食卓を囲む。

とにかく居心地がいい。部屋の乱雑な感じがいいだけでなく、子どもも大人もそこにいるひとたちの雰囲気がなんともいえず柔らかい。それぞれに素のままで思い思いのことをしているのに、それでいて、お互いに認め合って譲り合って融け合って、ただまったりとそこにいる体験をしている。彼らが発揮しているものだって、非認知能力だ。しかしそんな言葉をあてはめるのが不謹慎に思われるほど、ひととして美しいありようだった。

一二〇平米（約六六畳）あるというその長方形の板の間こそ、日本初の公設民営フリースペース「えん」。学校や家庭や地域に居場所を見出せない子どもや若者が集う場所だ。年齢、国籍、経済状況、障害のあるなしにかかわらず、誰でも来られる。誰でも過ごせる（利用には登録が必要）。そのコンセプトにまったく嘘がない。そういう場所が、本当にそこにあった。だから、私のような部外者も、すんなりと溶け込めてしまう。

川崎市の線路沿いにユートピアを発見した私はひたすら感動していた。そこに「ニシヤン」こと西野博之《にしのひろゆき》さんが現れた。

「ごめんなさい。今日、忙しくって、まだお昼を食べてないんです。いまパッと食べちゃっていいですか？」

子どもたちとスタッフたちが協力してつくったつみれ汁と白米をかきこむ。

西野さんは大学卒業後しばらく塾講師をしていたが、ひょんなことから、学校に行きづらい子どもたちと出会った。当時は「登校拒否」と呼ばれ、偏見と無理解によって、子どももその親も世間から白い目で見られていた。

「子どもたちが学び、育つ場は学校だけなのか？　学校に行けない子どもたちはどこで学び、育てばいいのか？　ないならつくろう！」と思い立つ。

一九九一年、多摩川（タマリバー）のほとりの小さなアパートでフリースペース「たまりば」を始めた。二〇〇三年に法人化し、夢パ内に併設された「フリースペースえん」の運営を受託した。現在は公益財団法人川崎市生涯学習財団と共同で夢パ全体を運営する。

二〇二三年度の調査では、全国で約三五万人の小中学生が、文部科学省が定義するところの「不登校」の状態にある。もっと広い意味で「不登校傾向」にある子どもたちの数はその何倍にもなると推測されている。「誰が不登校になってもおかしくない」「学校に戻すことだけが不登校支援ではない」と文部科学省も不登校に対する態度を大きく変えた。

非認知能力を目的にした体験はやめてほしい

不登校支援の先駆者として、西野さんは有名だ。今回は、プレーパークの運営者とフリースペースの運営者の二つの立場から、子どもの体験について、意見を聞いた。

＊＊＊＊＊

おおた　いま、「体験格差」ということが指摘されています。本当はサッカーがしたいのに言い出せない子がいる一方で、放課後を習い事で埋め尽くされ、週末もあっちこっちにおでかけする子どもがいる。そのような体験が非認知能力を高めることも強調されており、子どものころの体験の機会の差が将来の収入の差にもなると喧伝されています。

西野　遊びを通して結果的に、他者とコミュニケーションをとる力とか、感情をコントロールする力とか、困難から立ち上がる力とか、いわゆる非認知能力が身につくわけです。遊びは子どもが自らつくりだすものです。非認知能力を目的にした〝なんとか体験〟みたいなものが行われるようになると、子どもが自らつくり出した遊びを通じて楽しくいつのまにか非認知能力を身につけるという体験が奪われてしまいます。そんなことをしていたら、「息苦しさが、また別の形で増えるぞ」という気がします。

おおた　いわゆるお勉強的な知識の習得だって、子どもが自ら遊びのように取り組んでいるときは楽しいものだったはずです。でも学校というものができて、やらされて、評価されて、比べられる構造になってから、つまらないものになってしまいました。能力の獲得が目的化すると、子どもの学びはどんどんつまらないものになっていく。それと同じことが、いま体験の分野にまで広がろうとしているわけです。このままでは学校の外の学びの躍動感までも奪われかねません。

西野　子どもが自分の頭や感性で、自分のやりたいことをやれる環境を求めているのは明らかです。だから夢パでは、「大人の良かれは、子どもの迷惑」という合言葉をつくりました。大人が求める子ども像によってどれだけ多くの子どもが苦しんでいるか。

おおた　未来をつくり未来を生きるのは子どもたちなのに、現状に不安を抱く大人たちがその発想の枠組みの中に子どもたちを押し込めてしまうのはもったいないと思います。

西野　たしかに体験は大切なんですけれど、非認知能力の獲得を目的にした体験ブームには要注意です。おおたさんはよくそこを嗅ぎつけてくれました。現場にいるとよくわかりますが、子どもが息苦しくなっているのは大人の「やらせたい」のせいです。

おおた　非認知能力の価値がプレミア化していて、なんとしても手に入れなければいけないという強迫観念を抱かせていることの裏返しですよね。体験格差があり、そのせいで非認知能力に差がつくといわれたら、わが子を格差の〝負け組〟にしたくない親が、効率よく非認知能力を与えてくれるサービスを求めるのは当然です。

西野　非認知能力を目的にした体験という発想はやめてほしいけど、ただ一方で、私たちもかかわっている生活困窮者支援の観点からすると、体験格差を放置はできない。たとえば、自分でごはんをつくって食べるという体験すらしていないひとがいます。生活保護費で弁当を買って、食べて、ゴミを捨てているだけだから。鍋釜包丁をもっていない。このひとたちは生きていく意欲が湧きづらいよねという話は僕もしてきちゃったから。

おおた　そこはもちろんやらなきゃいけないことだと思います。

西野　生まれたときから、働く大人を身近に見ていない。ごはんをつくって食べるという生活をしたことがない。何のために学校に行って、何のために仕事に行くのか、わからない。だから就労意欲も湧かない。そういう意味での体験格差はあると思います。でも気持ちが悪いのは、お金がないと子どもが非認知能力を得られないかのような論理ですよね。

おおた　ごはんをつくって食べる生活を知らないような家庭に必要なのは、「何かの体験に参加しました」という事実ではなくて、社会と繋がり、包摂されることだと思います。食事に関していえば、牛丼屋さんやカレー屋さんの金券をもらえればおなかを満たすことはできるかもしれませんが、彼らに必要なのは、子ども食堂みたいなところで、つくってくれたひとの顔を見ながら、仲間に囲まれて食事する体験です。

競争社会の論理と子どもの幸せを混同するな

西野　体験格差といっちゃえば、お金持ちはいろんな体験ができるかもしれないけど、大切なのは子どもが幸せになれているかどうかです。「あの子はディズニーランドに七回も行ってずるい。私なんて一回しか行ったことがない」って泣いた子が昔いました。「それって泣かなきゃいけないようなことなの？」って思ったことがあります。問題は、七回行けた子のほうが幸せだと思わされちゃう社会ってことですよね。一回しか行けない自分はかわいそうだと思わされている。ひと言でいえば、消費者マインドの内面化です。

おおた　高度成長期以降の、大量に消費しているほうが幸せだと思い込まされてきた社会の延長線上に、いま子どもの体験までもが置かれてしまっているということですよね。その価値観で「経済格差の世代間連鎖を断て」と言うのは、「たくさん体験を消費して、将来子どもにたくさん体験を消費させてあげられる親になりましょう」みたいな論理です。消費型社会のマインドセットをもって子どもたちを見ると、かわいそうな子と恵まれている子がくっきり分かれます。それは「格差」といえば「格差」かもしれない。でも、そういう軸で子どもたちを見てしまうこと自体が、子どもたちの自己像を歪めてしまいかねないと思うんです。

西野　そうなんだよ！「こどもゆめ横丁」というイベントを毎年やっていて、子どもたちが廃材を使ってお店を建設してものを売るんだけど、そこに大人が入ってきちゃうと「もっと立派なお店にしなきゃ」とか「もっと商品をつくらなきゃ」とか「もっと値段を上げなきゃ」とか口出しして、子どもたちもだんだん大人の価値観に毒されていきます。

おおた　具体的にどんな問題が生じたのでしょうか？

西野　金額の上限をなしにしたら、やきそば三〇〇円、フランクフルト三〇〇円というお店が出たのね。フランクフルト三〇〇円って、大人向けの縁日とか、大学祭の値段じゃん。一本五〇〜六〇円で買ってきたフランクフルトを三〇〇円で売って、二五〇円の儲けが出て、それが自分たちの幸せだみたいな価値観になっていくのはなんか違うと思いません？たとえば商品を一〇個しか用意していなくてほとんど儲けが出なかったとしても、子どもたちは「俺たちの店がいちばん先に売り切れた！　最高じゃん！」とか言って幸せな気分でいたりするわけ。大切なのは、そこにあるものを工夫して使って、分かち合って、「楽しかったね」「幸せだね」と思える子どもをどう育てるかなんですよ。

おおた　資本主義社会の企業で大きな利益を上げたら、ほめられるわけですよね。それが「正解」だと思っている大人は「子どもに判断させると間違える」と言います。でもその「間違える」とは、経済合理性に照らし合わせたときに合理的ではないというだけです。

西野　諸悪の根源はそこにありますよね。現実社会に染まりきってしまった大人の損得勘定を基準にして、「こっちのほうが効率が良くて得だよ」みたいなアドバイスは、「効率よくゴールに達しなさい」というメッセージになります。そのゴールだって、大人が設定したゴールですからね。権利主体としての子どもの存在が忘れられています。

おおた　「でも現実社会は競争じゃないですか？」という反論があります。

西野　幸せは自分の心が決めることでしょう？　競争社会で価値があるものを追い求めることと、幸せな人生をおくれているかはまったく別物なのに、混同されているんでしょうね。子どもは「いまを生きる生き物」だということがものすごく伝わりにくいんです。

おおた　むしろ「子どもは将来のことを考えられないから、代わりに大人が子どもの将来のことを考えてあげて、いまやるべきことを決めてあげるべきだ」と思っている大人は案外多いと思います。そうじゃなくて、「子どもは、将来のことなんて考えないで全力でいまを生きることで、幸せを感じる。そういう体験の積み重ねで、生きていく喜びを心の奥底に確固たるものとして根付かせるんだ」という意味ですよね。

西野　「私が、私を軸にしてやってみたいと思うことを、私の想いで、私の発想で、私がやりたいようにやらせてよ」というのが、いま、子どもたちの叫びです。それが本当にやれたとき、子どもは自分で尻を拭くからね。「体験格差の是正のためにこんな体験ができるようにすべきだ」と一律にやっていくと、きっと子どもが疲弊していきます。

おおた　「これがスタンダードな体験だ」みたいなものがつくられてしまったら、まず大人がそれに振り回されるし、最終的にやるかやらないかは子ども本人が決めるとしても、〝スタンダード〟を拒否すること自体にものすごくエネルギーが削られると思います。不登校を選ぶのにものすごくエネルギーが必要なのと同じように。

不登校だからこそできた、人生観が変わる原体験

西野　僕は昭和三五年（一九六〇年）に浅草の長屋で生まれました。傷んでねばねばしてしまったごはんを水で洗って、「いちばんおいしいおじやをつくってあげるよ」って母がつくってくれたおじやは本当においしかった。お母さんが思いを込めてつくってくれたものがまずいわけがないと思ったし、そこに幸せがあったの。

おおた　西野さんにそういう幸せの原体験がものすごく強く刻まれているからこそ、競争社会の原理に絡め取られないで生きてこられたんだろうなと思います。

西野　そうだよね。

おおた　かたや、競争社会の原理に絡め取られた親に脅されて、小さいときから武器としての各種能力を手に入れることに躍起になってしまったら、一生競争からは降りられなくなるわけじゃないですか。いつか負けるんじゃないかって、ずーっと恐いってことですよね。〝いい学校〟を出ているひとにもそういうひとはたくさんいますからね。

西野　僕は「幸せ」という言葉から、白いシャツとステテコを着た父親と手をつないで、上野の陸橋の上から行き交う電車を眺めている場面を思い出します。そういう原体験を大事にすればいい。お金がないと十分な体験をさせてあげられなくて不幸だと思う親が増え

ると、不幸な子どもをつくり続けることになってしまいます。

おおた　たとえばキャンプに行ったことがないというお友だちがクラスにいたら、「じゃあ、うちのキャンプにいっしょにおいで」って誘ってあげればいいことじゃないですか。そこで格差なんて意識したら、格差の上の子が下の子を誘う形になってしまいます。対等な友達なのに。ましてや非認知能力なんてどうでもいい。

西野　僕らも点数教育みたいなものに対抗するために、認知能力じゃなくて非認知能力が大事なんだって、だから遊びが大事なんだって言うけれど、あくまでも子ども自身が権利主体であることを忘れないようにしないとね。

おおた　非認知能力が少ないと将来労働者としての価値が減る——。つまり競争社会を勝ち抜く武器としての非認知能力を前提にした体験格差議論に私は違和感を覚えるんです。

西野　そのことによっぽど気をつけないと、世界はあっという間にそっちに行ってしまうから。どうやって警鐘を鳴らすか……。

おおた　幸せを、消費とか、お金とか、能力とかに結びつけることへの警戒心をもち続けないといけないですね。

西野　それがすごく大事だと思います。

おおた　ある団体が行った体験格差に関する全国調査では便宜上、学校の中での体験はみんなに共通の体験として捨象して、学校以外での学びを「体験」と定義しています。一方、不登校の子どもたちは学校を体験して**いない**状態です。不登校の当事者から、体験格差の議論はどう見えるのでしょうか。

西野　学校に行けばいろんなことが体験できるのかもしれないけれど、それがその子にとって幸せなのかってことだよね。学校に行くという体験ができなかった子どもは、それはそれとして人生のなかで受け入れるしかない。学校に行っていた子に比べて、もしかしたらある部分での体験は少ないかもしれないけれど、みんなができている体験が同じように得られないことをかわいそうだと考えるのは、ちょっと違いますよね。

おおた　学校に行かないという貴重な体験をしているわけですからね。

西野　不登校経験者はみんな言うよ。「あの時間があったからいまがある」って。

おおた　言いますよね。病気で長期間入院するのも体験だし、ゲーム機を買ってもらえないのも体験だし、受験で第一志望に落ちるのも体験だし、生きていればすべてが体験で、大切なのはそこから何を学ぶかですね。それが単なる事実としての「体験」を、自分にとっての意味をもつ「経験」に変えていくということだと思います。実際、「えん」の子どもたちは、学校では絶対に体験できない「まったり体験」をしていました。あそこにいること自体が、人生観が変わる原体験になると思います。

西野　だから、誰かのモノサシで見れば「体験が足りない、かわいそうな子」に見えちゃう子がいたとしても、体験は量の問題じゃないんだよね。その時間をいかに自分らしく楽しく幸せにいられたのかが大事だから。就学援助家庭を対象に、夢パに通う交通費を支給したり、僕らの合宿に参加するお金を税金から出してもらったりという意味では、体験格差是正のための動きを僕らもしています。でも、生活困窮家庭へのさまざまな支援の一環としての体験活動参加への支援と、競争社会における能力獲得の機会の話は、分けて考えないといけませんね。

＊＊＊＊＊

川崎市子ども夢パークは、誰でも、肩の力を抜いて、胸深く、息ができるところだった。常に競わされ、脅され、あるべき姿をおしつけられる現代社会において、自分が自分でいる感覚を取り戻す体験ができる、貴重なサンクチュアリ（聖域）だった。

「競争社会で価値があるものを追い求めることと、幸せな人生をおくれているかはまったく別物」という部分に万人が共感してくれるとは私も思ってはいない。

より多くのお金を稼ぐことを幸せと定義するなら、お金が集まるところを嗅ぎつけてそこで働けばいい。でも、お金が幸せをもたらすのではないとするならば、自分がやっていてつい夢中になれてしまうことを仕事にすればいい。お金には苦労するかもしれないけど、いくらお金をもらっても得られない幸せを得られる。少なくとも西野さんと私はそれぞれの経験からそう信じている。

私がそう確信するに至るきっかけは、フィリピンのセブ島にある児童養護施設を訪問したときのことだった。

ほとんど道ばたに捨てられたような状態から救われた子どもたちがともに暮らしていた。しかし彼らの目はきらきらと輝いていた。見るからに幸せそうだった。それに比べるとどういうわけだか、日本の子どもたちのほうが不幸せそうに見えてしまう。

彼らに聞いた。

「幸せ？」

「もちろん！」

「なんで？」

彼らは苦笑いして、顔を見合わせた。

「幸せに理由なんてないでしょ。何を言っているんだ、この日本人は……」と言わんばかりのリアクションだった。

お米やお菓子など差し入れを持って行き、それはもちろん喜んでもらえるのだが、彼らより自分たちのほうが豊かで恵まれていて幸せだなんて考えるのはとんだ勘違いだと思い知らされた。私にとって忘れがたき体験だ。

これを「目から鱗」というのだろう。自分の目が、知らず知らずのうちに歪んで濁ってしまっていたことに気づく経験となった。

お金がないひとたちはきっと自分よりも不幸せなんだろうと考えているひとがいるのなら、それこそ思い上がりではないかと私は思う。優越感に浸るのは自由だが、その価値観を他人に押しつけることには慎重であってほしいと願う。

続いて、高校受験という露骨な競争の現場において、経済的に恵まれない家庭との接点をもつ「無料塾」の運営者にも話を聞くことにした。

無料塾の役割は学習指導だけではない

経済的に恵まれていない子どもたちの教育の最前線にあるのが「無料塾」である。一般的な進学塾に通えない子どもたちにボランティアの大人たちが無料で勉強を教える。子ども食堂の学習版だといえばイメージが湧きやすいだろう。

東京都中野区で活動する「中野よもぎ塾」は、中学生が対象で定員は二五人。母子家庭の子が多い。運営費は寄付金に頼っている。幸い、中野よもぎ塾の理念に共感した実業家のKさんが毎月多額の寄付を約束してくれているので、資金面で困ったことはない。

都立高校受験を念頭に、毎週日曜日の一八時から二一時の三時間、公民館のような公的施設の部屋を借りて授業を行っている。最初の二時間はマンツーマンでの個別指導だが、三時間目はいわば体験の時間にあてている。ゲーム大会をしたり、句会をしたり、サポーターと呼ばれるボランティアの大人たちの仕事について話を聞いたりする。

経済的に恵まれていない子どもたちは塾に通えないだけでなく、いわゆる一般常識にも疎い。いろいろな大人とかかわる機会が少ないので、語彙や知識量が乏しいうえに、コンビニか居酒屋の店員くらいしか具体的な職業イメージをもてない子どももいる。勉強を教えるのみならず、彼らの見ている世界を広げる体験も提供しなければいけないことは、無料塾を開いた当初から痛感していたと代表の大西桃子《おおにしももこ》さんは言う。

「トランプには、スペード、クラブ、ダイヤ、ハートの四種類があって、それぞれ一から一三の一三枚から構成されていることを知らなくて、数学の確率の問題が解けなかった子どもがかつていました。家でトランプをしたことすらなかったのです」と大西さん。

夏にはキャンプ合宿がある。「東京では自然と触れ合う機会も少ないだろうし、母子家庭ではキャンプもなかなかできないだろうから、ぜひ連れて行ってあげてほしい」というKさんの提案で始まった。費用はすべてKさんが負担してくれる。高校受験を終えると、ディズニーシーへの卒業遠足もある。それもKさんもちだ。ときおり土曜日を利用して、公園でピクニックしたり、水族館に行ったりもする。

ただし、大西さんはあえて、できるだけお金をかけないように心がけている。お金をかければいろいろなことができるのは当たり前。でもお金をかけなくても、自分たちの工夫次第で楽しい体験をつくることができることこそを学んでほしいと考えるからだ。

実際は、無料塾のなかにもいろいろな考え方がある。社会課題としての教育格差を埋めるため、スケールアップを優先し、質より量に走る無料塾もある。生徒一人一人にかかる手間を極力削減した効率的な運営方針に徹して、生徒数や教室数を拡大する。生徒の個別の困りごとまでは立ち入らず、「発達障害をもつ子どもはお断り」などの方針を掲げる無料塾もある。定員二五人に限定している中野よもぎ塾よりも、より多くの生徒と教室を抱えている無料塾のほうが大きく社会に貢献しているように見えてしまう。

教育バウチャー制度と無料塾の大きな違い

一般的な進学塾に通えない子どもたちへの社会的支援としては、教育バウチャー制度もある。塾や習い事で使えるバウチャー（金券）を、行政やNPOが配るのだ。その草分けとして有名な大阪市の教育バウチャー配付業務はもともと、第一章で触れた『体験格差』の著者が共同代表を務める公益社団法人が受託していた（二〇一二〜二〇二三年度）。

大阪市は、二〇一二年に一部の地域で中学生を対象にした月一万円の教育バウチャー制度を試行的に取り入れた。翌年には市全域に拡大した。二〇一五年には所得制限が緩和され、市内の中学生の約半数が対象となった。さらに、二〇二三年度からは対象学年を小学五年生まで拡大した。二〇二四年一〇月からは所得制限が撤廃された。

塾に通えなかった子どもたちに塾に通う選択肢が与えられること自体は良いことだ。しかし、特に小五まで対象を拡大した背景については、うがった見方ができなくもない。

二〇二二年二月、大阪市教育委員会は「学力向上支援チーム事業」を立ち上げ、若手教員などの授業力向上を図ると発表した。背景には全国学力・学習状況調査（学テ）の成績低迷があった。その直後の三月に、教育バウチャーの対象を小五まで拡大する方針が決まった。学テの対象学年は中三と小六、実施は四月である。

教育格差の解消を大義名分に掲げながら、まさか学テの成績を底上げするために公的資金を投入して塾の指導力に頼る施策ではないかと考えるのは、私の勘ぐりすぎだろうか。

中野よもぎ塾のような手づくりの無料塾を子ども食堂に喩えるなら、教育バウチャーを配って一般的な進学塾に通わせるのは、ファミレスや町の食堂で使えるクーポンを配付するようなものだ。学校以外の場所でも勉強が教えてもらえるという意味では同じだが、一〇〇パーセントの善意で営まれている、贈与としての無料塾に通うのと、あくまでも営利目的で経営されている有料塾に通うのとでは、子どもたちが得るものは変わってくる。

受験勉強のテクニックを教えるという意味では、プロの塾講師が上手《うわて》だろう。でも、プロの塾講師たちは、いっしょにキャンプや水族館に行ってくれたり、子どもたちの個別の事情を理解しながら将来についての相談に乗ってくれたりはしない。日本語が話せない外国籍の母親に付き添って役所に行ったり、障害をもつ母親を福祉につなげるために行政とかけ合ったり、生徒の家庭にお米やパスタを配ったりする無料塾もある。

習い事や旅行どころか、金魚すくいをやるお金もないから近所のお祭りにも行けないくらいに困窮している家庭にまず必要なのは、「やってる感」的体験よりも、孤立させないことだ。まわりの目が気になって子ども食堂や無料塾を利用しにくいという声がある一方で、バウチャーならば周囲に気づかれずに使用できるメリットがある。しかし逆にいえばそこには、孤立している家庭を孤立したままにさせてしまうリスクもある。

「私たちも卒業遠足としてディズニーシーに行きます。実際、『ディズニーシーなんて一生行けないと思っていた』と喜ぶ生徒がいます。でも本質的に重要なのは、ディズニーシーに行けたという事実よりも、いっしょにディズニーシーで楽しい時間を過ごせる仲間がいて、あとから思い出してもみんなで笑える共通の体験ができたことだと思うんです。そういうエピソードの積み重ねが彼らの人生を支えてくれるはずです」（大西さん、以下同）

いろいろな大人との継続的なかかわりを通じて将来の展望を広げることができる。本当にやりたいことが見つかったらそれを実現する方法をいっしょに考えてもらえる。これらは、営利目的ではないひとたちのネットワークだからこそできることだ。

「お金がなくて困っていることへの解決方法が金券では、何の構造も変わりません。世の中やっぱりお金なんだという思考を強化しかねません。お金がなくてもできる工夫や知恵を大人たちが見せてあげることこそが、こんな時代にことさら必要な子どもたちの学びにつながるのではないでしょうか」

続いて京都へ向かう。無料塾的な機能を備えつつ、さらに地域の子どもと大人のネットワークづくりに重点を置いて活動するユニークな社会実験の現場を訪ねた。

社会に大きな渦をつくる小さな社会実験

京都の堀川商店街のアーケードの一角に、ｋｎｏｃｋｓ！　ｈｏｒｉｋａｗａ（ノックスほりかわ、以下ノックス）という、不思議な場所がある。

元小学校教員の西村奈美《にしむらなみ》さんと、社会福祉士の國定若菜《くにさだわかな》さん、大学教員でアートマネージャーの小島寛大《こじまひろとも》さんの三人が共同運営する。もともと三人は別々に活動していた。しかし共通の課題意識と想いがあり、共同でノックスを立ち上げた。

平日の一六時から一九時は学習室「ｊｕｋｕ　ＨＯＰＥ」になる。担当は西村さん。子どもたちは好きなときに来て、好きなように過ごして、好きなときに帰る。週、何回来てもいい。西村さんほか、地域の大人たちが勉強を見てくれる。勉強以外の質問もウェルカム。居合わせた子ども同士、また、多様な大人たちとのかかわりも生まれる。月会費は一万円（税込、以下同）。

学習室の活動にかかわってくれる「正会員」からは個人の場合年間三万円、団体の場合年間六万円の会費をいただき、運営資金にさせてもらう。お金だけ支援してくれる「賛助会員」の年会費は、個人が二五〇〇円、団体が五〇〇〇円。「寄付金」ではなくあくまでも「会費」としていただく。子どもが学習室として使う場合の月会費は、保護者からの支援金という立て付けになっている。「金銭を介してのサービスの授受の場にはしたくないという強い思いがあります」と西村さん。

水曜日の午前中は、学校に行っていない子どもたちや地域の大人たちが集まって、手仕事的な活動を行う。木曜日の夕方は「堀川こども団」という、子どもたちによる子どもたちのための活動が行われ、会員以外の子どもも参加できる。地域の子ども会のようなものとして、年二回開催される商店街のお祭りにも出店する。

週末を中心に、小島さんの担当で、音楽やアートに関するワークショップが開催される。小島さんはアーティスト仲間と共同で出張型の音楽教室「移動おんがく実験室スタジオ☆ムジカ！」を運営しているが、ノックスができたことで、継続的に子どもたちとかかわれるようになったという。

火曜日、木曜日、土曜日の一六時までは、シェア型図書館になる。担当は國定さん。月に二〇〇〇円を負担すると「本棚サポーター」になれる。本棚サポーターは、三〇センチ立方くらいの本棚に、みんなに読んでほしい本を並べる。三〇〇〇円の月会費を払えば誰でもそれらの本を借りられる——。

と、しくみを説明するとややこしいので、機能ではなく想いに注目してみよう。ホームページには次のように綴られている。


子どもたちの教育や体験の機会に大きな格差があることが報じられ、また、安心して放課後を過ごせる場所が必要とされています。また、地域の繋がりが希薄になったことで、子どもだけでなくおとなも孤立し、孤独に陥りやすい社会になったと言われています。(中略)自分たちが生活する町に、子どもたちがイキイキと学ぶことができる場所と、世代を超えて人が繋がることができる場所を作りたいと同じ気持ちを持っています。

世代に関係なく地域のひとたちが自由に出入りして本を読んだりお茶を飲んだりするゆるいつながりのなかで、子どもたちが学校の勉強以上のことを学んで育っていく。そんな場所がつくりたいのだろう。そうすれば、教育格差や体験格差も少しは目立たなくなるはずという想いが込められている。

ノックスがどんなところなのか、運営している本人たちも「よくわからない」とうそぶく。常に新しいことにチャレンジし、変化し続けている。常に余白があり、固定された何かであろうとはしていない。

その肩の力が抜けた感じに、私は本気を見た。歯を食いしばって何かを力ずくで変えてやろうとしているのではない。そんなの長続きしない。肩の力を抜いて、まずは本人たちが楽しみながら、少しずつ流れをつくっていこうとしているのだ。

小学校のプールを思い出した。ただの二五メートルプールだが、プールサイドに沿って学年全員でゆっくりぐるぐる回るように歩くと水流が発生し、流れるプールみたいになった。そんな感じで、社会に大きな渦を生み出そうとしている。

「これは社会実験です」と三人は笑う。

写真3　平日午後の knocks! horikawa

体験にお金が必要な社会構造を変えていく

私が訪れたときはまだ時間が早く、子どもは小学生一人しかいなかった。ほぼ毎日、ノックスに来ているという。その子が、お爺ちゃんくらいの男性スタッフと女性スタッフと麻雀を打っていた（写真3）。男性も女性も、年会費を払い、運営にかかわる会員だ。

「ここはどんな場所？」と尋ねたら、「うーん、暇つぶし」という答えが返ってきた。「それでいいんだと思う」と國定さんは深くうなずく。

運営の三人とざっくばらんな話をした。

＊＊＊＊＊

西村　場、大人、使い方をわかっている子どもは、「これやってみたい」「あれもしてみたい」って、どんどんプレゼンしてきますよ。親でも学校の先生でもない立場のいろいろな大人とここで出会って、子どもたちの世界が広がっていくのを感じます。

おおた　子育てを家庭に押しつけたら、家庭ごとの格差ができてしまうのは当然です。社会全体で担うように変えていかないと。

國定　本当にそう思います。私は小さいときに社宅に住んでいました。よく近所のおばちゃんのうちに預けられていました。そこで縫い物を習ったり、洗濯物の干し方を教わったりしていました。私は親だけに育てられたんじゃないという感覚があります。

西村　昔は日常生活のなかに体験の機会がたくさんあったんでしょうね。

おおた　そういう原体験があるから、いま、こういう活動をされているんでしょうね。

國定　そうです。

おおた　親以外の大人にも育ててもらっていると思えたら、「この社会は捨てたもんじゃないな」という安心感が得られますよね。社会に対する信頼感ともいえますし、それがひいてはレジリエンスと呼ばれるへこたれない力にもつながるでしょうね。

國定　ひとにやさしくできるようになるだろうし。それも非認知能力ですけれど、親は私に非認知能力を授けようとしておばちゃんの家に預けたわけじゃありません（笑）。

おおた　そりゃそうだ。

小島　これからは非認知能力が大切なのに学校の勉強だけでは足りないという不安が大人の側にあって、子どもに体験をさせなきゃという焦りが強くなっているのを感じます。

おおた　いまでこそ非認知能力が注目されていて、その流れで体験の必要性が訴えられていますが、いま非認知能力といわれているような素養は、もしかしたら昔の子どものほうがよほど高かったかもしれません。

國定　西村さんも小島さんも、子どもに何かを「させる」という言い回しは絶対しませんよね。「非認知能力を身につけさせるために、○○を体験させる」というのはめちゃめちゃ気持ち悪いです。選択肢になりそうなものを並べておくことは必要だと思いますが、それをさせる(、、、)のは大人の役割ではない気がします。

小島　楽器のワークショップでは、いろんな楽器を紹介したあと、自由時間を設けて、好きな楽器で遊んでもらいます。不思議なもので、子どもによって選ぶ楽器が違います。それぞれ夢中になって遊びます。

おおた　たとえばそこでウクレレを選んで夢中になって遊んだ子どもは、ウクレレを弾く技術を学ぶというよりも、ウクレレによって知らなかった自分が引き出される体験をするわけですよね。

小島　すごく適切な表現だと思います。音に導かれて、自分の好きなものを見つけちゃったということなんでしょうね。止めない限り、ずっとやってます。子どもの集中力がもつのは一五分までだとかよく言いますけど、それは大人の都合に付き合う限界が一五分なだけであって、自分で選んだものにはいくらでも集中できるんだと思います。

おおた　場と大人の使い方を知っている子どもは、テレビでもYouTubeでもどこかで自分の興味をそそるものをチラッとでも見つけたら、「ねぇ、こんなの見つけたんだけど！　自分もやりたいんだけど」って、ここで話しますよね。それが最高ですよね。

西村　最高です！

おおた　そうすれば、選択肢を並べておく必要性すら薄れていく。ということは、場と大人の使い方を学ぶ体験こそが子どもたちには大切。それがノックスだということになりますね。仮に「サッカーをやりたいんだけど、経済的にも時間的にも親の余裕がなくて、チームには入れない」と訴える子どもがいたら、ノックスならどう対応します？

西村　「どうやったらできると思う？」と尋ねて、いっしょに考えると思います。

おおた　その結果、ノックスの人脈をたどっていったら、ほとんど無料で親の送迎がなくても参加できるサッカーチームが見つかるかもしれないし、ボランティアでサッカーを教えてくれるサッカー経験者に出会えるかもしれないし、ノックスでサッカーチームをつくっちゃおうという話になるかもしれないわけですよね。

西村　私は「つくっちゃおっか？」のタイプですね。

おおた　「ギターを習いたいんだけど」と言う子がいたらどうしますか？

小島　ギターが弾ける仲間に、何度か体験レッスンをお願いすると思います。練習用のギターも貸し出します。

おおた　本当のギター教室に通いたいんだと言われたらどうします？

小島　そこまで本気になってくれたら理想です。いい教室をいっしょに探すと思います。

おおた　でも、月謝が払えないご家庭だったら？

小島　そこは課題なんですよね。

おおた　そこではやっぱり教育バウチャーみたいなものが有効そうですね。

西村　ノックスでも、いま奨学券みたいなものをつくろうとしています。予算ありきではなくて、何かやりたいことがあるときに「誰か資金を出してください」という形で余裕のある大人に出してもらう方法を考えています。やりたい、学びたい、お金のハードルがある、自分で考える、ちょっと難しい、「じゃあ、誰かに助けてもらおう！」という構図がつくれたら。社会全体で、社会全体の子どもたちの教育をするように変えていきたい。気軽に「助けて」って言える社会にしたい。そのための小さな社会実験です。

小島　私が考えるもう一つの方法は、ギターを習いたい大人を探して、子どものぶんまで出してもらうことです。単に子どもにお金を分けてあげるのではなく、自分が感じる学びの喜びを子どもにも分けてあげたいという気持ちの表現として。

おおた　それも素敵なアイデアですね。大人も途中でやめられませんね（笑）。

西村　体験に関していうと、夏休み明けの絵日記提出に私は物申したいと思っています。

おおた　どういうことですか？

西村　子どもも大人も、絵日記に書くための体験をしないといけない気になってしまっているからです。

おおた　あー、インスタ映えみたいな。

西村　「昨日の晩ご飯のことを書いてもいいんちゃう？」みたいな。さっき、そこで麻雀をしている子が「暇つぶし」と言ってましたけど、二〇年後か三〇年後にきっと彼はここのことを語っていると思います。すぐに目に見える結果は出ない。でもそういう体験が大切だと思います。

＊＊＊＊＊

ノックスがやっていることは、お金がないと学びや体験の機会が得にくいような社会構造自体を変えていこうとする、根治療法の社会実験であった。実験を通して、子どもたちは、場と大人の使い方を学んでいた。それができれば、お金がないことは、人生において何かをあきらめる理由にはならない。場と大人の使い方を知っているとはすなわち、「社会」の本来あるべき姿を知っているということだ。それをまわりの大人たちが実践しているということだ。

この章で話を聞いた実践者たちの意見をふまえ、「お金を払わないと体験ができなくなってしまったこの社会で、子どもをどう育てていけばいいのか」「この社会を、どう変えていけばいいのか」について、次章で考察を深めていきたい。

第三章　裏山の秘密基地が消えた社会で

体格格差はあっても体験格差なんてない

「本当に下品だと思うのは、キャンプに行って森に入っていって、たとえば昆虫に興味を持ってほしいみたいな発想。海辺に行って海の生物に関心を持ってほしいとか。そこで興味や関心を示さないと、そういう大人は怒るんだよね。はっきり言ってこれ、幼児わいせつみたいでしょう。『ちょっとおいで。おじちゃんがいいこと教えてあげようか』みたいな。子どもが望んでいるわけでもないのに大人の満足に子どもを付き合わせているという点で、同じでしょ」

この痛烈な批判を、一〇年ほど前に絵本作家の五《ご》味《み》太《た》郎《ろう》さんから聞いた。拙著『続　子どもはなぜ勉強しなくちゃいけないの？』（日経BP社）に収録されている。

親としては、学校のお勉強とは違う、生の体験をしてほしくてそういうところに連れて行く。そこから何を学びとるのか何も学びとらないのかは本来子ども次第だが、せっかくの体験からできるだけ多くのことを学びとってほしいと考える大人は、つい余計なことをする。言葉にはならない体験を子どもが自分の中で消化していく前に、気づいてほしいことや学んでほしいことを言葉にして説明してしまうのだ。それでは学校のお勉強と同じになってしまう。

体験が子どもの中で時間をかけて意味をもちはじめるのを待てない。それは下品だと、五味さんは一喝するわけだ。同じ本に、こんな一節もある。

子どもたちからもらうファンレターを見る限り、なんだか五味太郎は信用されているんです。何かの下心があって絵本を描いているんじゃなくて、絵本のために絵本を描いているからだと思います。逆に言えば、なんらかのメッセージを伝えるために絵本を利用している人が多すぎるんだよ。
せっかく楽しんで読んでいるのに、結局交通安全のことを言っていたり、「ものを大切にしなさい」みたいなことを言っていたりするから、子どもたちは「裏切られた」と感じるわけ。「どうせ五味太郎も同じだろ」と思って読んでみると、「最後までそのままじゃん」ってことでびっくりするんだろうね。

絵本は感じるメディア。まさに体験だ。それなのに、せっかく楽しく読んでいた子どもに最後に教訓めいたメッセージを押しつけるのは、子どもに対する裏切りだというのだ。
現在の体験をめぐる議論についてどう感じるか、一〇年ぶりに五味さんを訪ねた。

＊＊＊＊＊＊

「体験」っていう言葉を少し文学的に言えば、「体が知る」ってことだよね。「体に教える」じゃないよね。簡単でしょ。

自分がガキのころに基本的に思った感覚っていうのは「ほっといてよ！」って感じ。落ち葉はどうのこうのとか、星の光は何万年も前にうんたらかんたらとか、「いいから！」って。「そのうちびっくりするから！」って。

要するにね、オリジナリティにびっくりしたい。オリジナリティに焦りたい。オリジナリティに困りたい。オリジナリティに苦しくなりたい。ぜんぶそれ、俺の問題にしてほしい――。

いまは器用な言葉を使えるようになったからこう言えるんだけど、そのころはよくわかんないから、何しろ「ちょっと、ほっといて！」って。

自分自身の体が知るという意味でのオリジナリティを知っていれば、「体験ツアー」なんて言葉は浮かばないよ。もっと言えば、体が知るってことだから、すべてが体験ツアーだよな。当たり前。

だから体験っていうようなものに格差なんてことをやっぱり考えちゃいけない。それは絶対にいけない。「体験格差」って言葉に対する違和感は、違和感なんてもんじゃないよ。いい悪いじゃなくて、「そんな視点、どこから出てくるの？」っていう感じ。

無理くりにつくった産業？　無理くりにつくったものは勝手に消えていくから放っておけばいいんだけど、大人の「品《ひん》」が良くないと、やっぱり社会はちょっときついよね。

「体験格差」以前に、「体験学習」「体験ツアー」っていう言葉がまず間違ってる。国語の試験を通りませんよ、それは。体験に格差があるなら、個人に格差があるってことですよね。個人に格差があるのかって！

俺だって頑張ったけど身長一七〇センチにもならなかった。一九〇センチくらいになって街を歩いてみたいよ。これは「体格格差」だよな。これはある。

でも身長一九〇センチのやつに聞くと、「これはこれで大変なんですよ」って言うよ。格差、格差って、個性の濃さの話だから。体験なんていうものは比べたりするもんじゃまったくない。それぞれにみんな苦労するんだから。お金があったってね。

僕のガキのころからいたよ。お金持ちの子が「この前スペインに行きました」とか。夏休みの思い出もそいつだけ突出してた。すごく珍しいチョウチョを外国で採集してきたりしてさ。近所で昆虫採集していたやつらがしらけちゃった。結局そいつも普通のやつになったけどね。

でも、産業資本主義ってこんなもんよ。短絡的にいうと、「子どもの教育のため」っていうのは、子どもは商売になるなと思ってる一派がいるってことよ。「子どものための本」っていうのもそっから派生してくるわけ。そこにちょっと頭きて、抗《あらが》って、気がついたら五〇年経ったのが五味太郎だよね。

アダム・スミスの罪だろうな。産業資本主義の思考で物事を考えるようになると、「格差」っていうものを一つのキーワードにして「格差埋め産業」ができる。それだけの話。たとえば「地球に優しく」って言葉があるじゃない。「地球環境を守ろう！」と。誰でも「たしかになぁ」と思う形の産業をつくったわけだよね。もともとは「民主主義を守ろう！」ってお題目だったんだよ。そうやって民主主義じゃないところに戦争して。でもそれも限界だって言うんで、「地球環境を守ろう！」に変わったわけ。

「格差」というキーワードでこの利権を争っているのが次の動きよね。最初に言葉ありきなんだよ。これが実はキーワードになってお題目化して、どうやって産業化するかって動きなんだよ、ぜんぶ。

体験のためにお金が必要だって言って消費者のニーズを喚起するのは、商売のやり方だから。「体験しておかないと貧しい人生ですよ」って恐怖を煽る。「青汁飲んでますか？」「コンドロイチン飲んでますか？」「保険入ってますか？」「あとで困りますよ」っていうテレビコマーシャルといっしょでしょ。その産業が「品」がないって話だから。

でもこれ、許すしかないんだよね。だって産業の自由、商売の自由でしょ。僕たちも本を出す出版の自由っていうのを保障されてるからありがたいんだよね。だから勝手にものをつくってる。勝手なこと言っててもいいんだよ。

みんな勝手なこと言って、それに対して「そういうのはバカだよね」っていうのも勝手に言えばいい。それが議論で、一応議論をずっとやってけば、民主主義のもとはできるんだよ。

だけどそのディベートが、ネットの社会になったときに、肉声じゃなくて活字化しちゃったんだよね。「それは差別だ！」「それは格差だ！」「それは何とかかんとかだ！」って。

「そこは勝手にやってれば？」っていうのが俺のいまの基本ね。

いちばん不毛なのは「○○は良くない」「□□だから△△だ」ってバカの一つ覚え的に

言ってるレベルでのSNS的なやつ。

だからいま、ネットに関係なく、他人の意見に関係なく、一般論に関係なく、自分のやり方っていうのをそれぞれができうる限り自分で考えることができるかってのが勝負どころじゃないかな。

でも教育が産業化するなかで、お金もらったぶんだけ「教えましたよ」ってことが先になっちゃって、子どもが自分で考えるってことの色が薄くなっちゃったのね。

学校もほんとは体験だったんだよ。いろんなガキがいてね、いろんなトラブルがあってね。でもそれが純化してしまって、体験が足りなくなってしまったものだから、学校の外に求めるようになっていった。それは無責任だよな。

体験に関してお金の問題は二次的な問題

偉人のことを考えたら、みんなとんでもない経歴だよね。ニュートンにしろダーウィンにしろ、いまでいえば学習障害みたいなやつだもんな。だからあんまり平均的にみんなに同じ体験をさせようなんて考えると、そういう子はつまんなくなることは間違いないよ。

「私は大学に行っていないから、息子にはどうしても大学まで行かせたい」とか。「貧困の連鎖」というんだろうけど、これ、どういう理論だろう？

そもそも「わが子」じゃないんだよね。生物的なプロセスとしてはたしかにわが子なんだけど、人間的プロセスではわが子じゃないんだよ。別な人格なんだよね。それが本能的にわかってるかわかってないかってところで、これは本当に格差が出るよね。

ここまで芯に迫ってみると、うちの親父、うちの母ちゃん、いいひとだったんだなと思います。

まったくこっちに向いてくれないし、「ふん」とか「あっそ」みたいな。「今日、学校でどうだった？」とか聞かれたことない。「今日、運動会だったんだよ」とか俺から言うけど、「あぁ、そう」みたいな。当時はちょっと冷たいなと感じたけど、ちょっと大きくなってからは「お前の問題だから」ってよく言われた。

赤ちゃんも生まれたときから自分の人生をやってるわけだから、その自分の人生をどのぐらい自分が豊かにできるかっていうのを、まわりがサポートはしなくていいからフォローするぐらいかな。あるいは見守るっていうことかもしれない。もっと知的にいえば、その個人がどんな体験をしているか、その形を見てあげると、「ほぅ！　面白いね」って話もあるかもしれない。

だけどわざわざ面白がってやる必要はない。面白いなら面白がってやればいいんだが、興味ないなら興味ないでいい。大人のほうがどれだけナチュラルになれるかの勝負だよ。「褒めて育てる」とか下品だよね。「夢中にさせる」ってのも下品だよ。「れる」「られる」「させる」って使役の言葉だよね。「やらせてあげられない」というのも「それ、下品ね」って感じがしちゃうな、どうしてもね。

自分の人生に自分で丁寧にやってるやつは、子どもにはそう言わないよね。自分の人生を大事にすると子どもの人生も大事にするよ。自分が侵されたくなければひとを侵さない。図式は簡単。これ、人権問題の基礎だよね。

「品」って四角を三つ書くよな。工業デザイナーの先輩から聞いた話だけど、二個の上に一個を置くっていうのがいちばん安定している形なんだって。二個の上に二個を置くと「田」になっちゃうんだけど、これはちょっと窮屈じゃない。ちょっと余裕があって安定しているのが「品」。

ただ一方で、「品」のままいったら「動き」が出ない。三つを縦に積んでみる。で、崩れる——。というのもちょっと面白いんだよね。だから「下品」にも面白さはあるんだよ。そうしないと、面白さがわかんないじゃない。

バカなやつが子どもたちに「いい本を読みなさい」と言うんだけど、いろいろ読まないとどれがいい本かわかんないよなぁ。いろんな本を読んだら面白いよってだけだよ。上品だといわれるものばかりを見ている下品さというのもあるからさ。

その「動き」がすべて体験だよね。海外旅行に行くのが体験じゃない。

俺なんかよく、子どものころ、学校行こうかなと思って、その先に魅力的なものがあるからって学校を通過してたよ。そういう体験みたいなものをどんどん禁止する世の中だよな。不自由にさせといて「自由にやれ」みたいな。

いまの生活は貧しい。生活がどんどん単一化しているよ。

だけど「世の中が悪い」って言い方はあんまり好きじゃない。それを受け入れちゃってるひとたちの責任だと思うな。それを選択してるんだもんな。本当に嫌なら、それを否定すれば、次のやり方が本当はあるんだよ。ただそれをみんなさぼってるから、「いやぁ、でも……」って必ず言うよね。

体験に関していえば、お金の問題はちょっと別だよね。二次的な問題だな。別の意味で「豊かにやろうぜ」っていう感じだよね。俺のまわりはみんな豊かにやってます。それなりに。

別の意味での豊かさとは何か。そう考えたときに、パッと脳裡に浮かんだ笑顔がある。次は、その笑顔の主に会いに行く。そのまえに、少々の自分語りをお許しいただきたい。

＊＊＊＊＊

必要なのは〝理想の学校〟より駄菓子屋さん

あともう少しだけ教育に関する本を書いたら、駄菓子屋さんになるという計画が、私にはある。

もともと学校の先生になりたかった。当時の自分の思考をもう少し丁寧に見てみると、学校の先生というよりも、子どもの成長にかかわる仕事がしたかったのだと思う。結果的にはそれを一歩離れたところから観察して記録にとどめる、いまの仕事に行き着いた。

やっぱり自分も子どもたちとかかわる仕事がしたい。その夢をいまさら叶えようと思ったとき、思い浮かんだのが駄菓子屋さんになることだった。映画「万引き家族」で柄本明《えもとあきら》さんが演じる駄菓子屋のおじさんがとてもカッコ良く見えて、決めた。

駄菓子屋さんの中で、字を読む練習もできるし、計算の練習もできる。私のようなおじさんと対等に会話する機会にもなるし、別の学校の友達との出会いの場にもなる。

いろとりどりの駄菓子やちょっとしたおもちゃを置いておくのはもちろん、昔の東京の下町の駄菓子屋さんにはだいたいあったといわれている、もんじゃ焼き用の鉄板も用意したい。店の前を掃除してくれればもんじゃ焼き一人前サービスなんてしくみにしてもいい。そうすればお金がない子でも食べられる。

絵本や漫画や図鑑を置いておいて、自由に読んでもらうようにする。工具と廃材も用意して、工作もできるようにする。簡単な机と椅子も用意して、宿題をやってしまおうというのなら、やってもらってもいい。時間があれば見てあげる。そこは近所の大人たちに手伝ってもらってもいい。

学校に行きたくない子どももいるだろうから、午前中から店を開けようかなとも考えている。「あの子、学校に行っていないらしいけど、おおたさんのところにいるなら、大丈夫だね」と近所のひとたちから言ってもらえるような駄菓子屋さんになりたい。

そうやってちょっと教育に熱心な大人たちがあちこちにいる社会のほうが、〝理想の学校〟みたいなものが一手に子どもの教育を引き受けてくれる社会よりも、教育的に豊かなんじゃないか。子育てしやすいのではないか——。

そんな構想を練っていることをいろんなところで書いていたら、あるとき知人から、そういう駄菓子屋さんが愛知県の津島市にあることを教えてもらった。店名は駄菓子屋「すーさん」。店主は砂川博道《すながわひろみち》さんである。

かつて、その知人に連れられて「すーさん」を訪ねたことがある。ちょっとお店を覗いてみるだけのつもりだったのが、すっかり意気投合して、五時間も話し込んでしまった。最後はいっしょに木登りまでした。

体験格差が人生にどう影響するのか

高度成長期のまっただなか、砂川さんは三重県の片田舎で生まれた。まったく勉強しない子どもだった。

学校に向かう道すがら、農作業中の大人たちに「何してるの？」と話しかける。大人たちも「早く学校に行きなさい！」なんて叱らないで、いろいろ教えてくれて、お茶やお菓子まで出してくれる。砂川さんは当然遅刻する。それでも地域のひとたちはそんな砂川さんを温かく見守ってくれていた。

いまでいう特別支援学級に入れたほうがいいんじゃないかと学校の先生から言われて母親は心配した。しかし近所の駄菓子屋のおばちゃんは、「この子は大丈夫！　そんなの必要ない」と根拠なく太鼓判を押してくれた。それをいまでも覚えている。

中学生になって、あるきっかけで勉強したくなり、親に頼んで塾に行かせてもらったが、まったく授業についていけなかった。落胆していたところ、塾の先生が特別に日曜日に個別指導してくれた。なんでそこまでやってもらえるのか聞いたところ、「君が毎朝農家の方々の話を一生懸命聞いているのをずっと見ていた。この子が将来困ることがあったら自分も力になってやろうと思ってた」と教えてくれた。

そのかいあって、勉強の楽しさに目覚めた。最初はテストの問題の意味すらわからなかったのに、どんどん解けるようになった。第一志望校に進学できた。高卒で大手石油会社へ。技術職として巨大なプロジェクトを任されるほど活躍したが、ひょんなことから人生の歯車が狂い始め、一時は車中生活をしていたこともある。

人生が真っ暗に見えたとき、「この子は大丈夫！」と言ってくれた駄菓子屋のおばちゃんの顔が浮かんだ。それで、自分も駄菓子屋さんになろうと決めた。

津島にぼろぼろの廃屋を見つけ、すべて自力でリノベーションし、駄菓子屋兼住居につくり変えた。

放課後にはたくさんの子どもたちが遊びに来る。レジの横には寄付金を元手に発行した「わらしべチケット」という金券があり、お金がない子はそれを支払いに使ってもいいことになっている。学校になじめない子も、ここには来る。つらい心境を語ってくれる子どももいる。

ときどき近所にあるお寺の境内で、子どもたちが縁日を出す。近隣の飲食店にも声をかけ、一〇店舗ほどが集まり、境内がマルシェ（屋外市場）になる。地域のひとたちが集まる。その中心に、子どもたちがいる。

「人生いろいろあったけど、駄菓子屋さんをやっているいまが幸せ」と、砂川さんはしみじみと語る。

今回改めて砂川さんに、現代の子どもにとって必要な体験は何だと思うかを聞いた。

＊＊＊＊＊

どんな体験をするのかが大切なのではなくて、本人がやりたいことをやるのが大切だと思います。そうでないと、どんなに立派な体験をしても、意味のある体験にはならないと僕は思います。大人が「これもやったほうがいい、あれもやったほうがいい」と言うのでは、子どもにとっては勉強をやらされるのと同じ意味合いになってしまいます。やらされてやる勉強が役に立たないのと同じで、そんな体験は役に立たないと思います。

自分が俗にいう「お金持ち」という意味での「成功者」になったとは思っていませんが、「この時代に、昔あったような駄菓子屋さんをつくって、子どもが集まる場所をつくるんだ」ということには十分に成功しているので、僕にとっては最高の人生なんです。

「体験格差」という言葉が言われているようですけれど、そういう言葉が出てくること自体がおかしいと思います。

生きてて、体を動かしていたら、ぜんぶ体験ですよね。一方で、ひとそれぞれ異なる状況に生まれ、異なる状況で育ちます。ということは、それぞれにそれぞれの体験をしていて当然です。どういう基準を当てはめたらそれが「格差」になるんですかね？

習い事にいくつ通っているとか、旅行に何回行ったとか、それにどれだけお金を使ったとか、そこに差があったとして、それが子どもの人生の何に影響を与えるんですかね？

それが多いほど良くて、少ない子はかわいそうという目で大人が子どもを見る社会では、子どもたちもそう思い込んでしまいますよね。恵まれていると勘違いする子どもも、自分のことをかわいそうな子だと思い込んでしまう子も、どちらも不幸です。

お金があるかないかも関係ありません。ちょっと離れたところにある森に行って虫取りでもしようという話になったとき、僕は車をもっていないから、どうやってそこまで行くかが問題でした。でも子どもたちと話し合って、自転車で行けばいいじゃないかということになりました。森に行くだけではなくて、そこへの往復がサイクリングになりました。車で行けば、楽に目的地に着けたと思いますが、せっかくある自分の足で自転車をこいだことで、遅れ気味な友達を励ましたり、心地よい疲れを感じたりという体験ができました。体験が増えましたよね（笑）。

二〜三カ月に一回は、近所のお寺の境内をお借りして、縁日をやります。境内で、子どもたちが駄菓子屋ごっこを始めたのがきっかけでした。いまでは、駄菓子を売るほか、スーパーボールすくいみたいなお店も、子どもたちが考えて出しています。

せっかくだからと近隣の飲食店にも声をかけたら十数軒が参加してくれて、境内がマルシェになりました。いまでは別のお寺からも「うちでもやらんか？」と言われるほどに人気の地域イベントになりました。

縁日は子どもたちが仕切ります。自分たちで企画して、遊びに来た子どもたちが楽しんでくれる。そういう体験はいくらお金を出してもできるものではありません。

あるとき、二人の女の子が店の前に立っていました。よく見ると、二人とも軍手を持っています。「どうしたの？」と声をかけたら、もじもじしながら一人が、「ここに来たら木登りを教えてくれると聞いて来ました」と言いました。

「そうか、そうか」と、おおたさんといっしょに登ったあの木に連れて行って、登り方を教えてあげました。そしたらいろんなものに登りはじめて……。遊びの好きな子でした。

後日談をすると、その子、すんなりとトップ進学校に入ってしまいました。〝いい学校〟に入ることが偉いとは思いませんが。親に言われたことではなくて、自分で興味をもったことをとことんやる子でした。自分一人でやるのが難しいときは、大人の力を借りることもできる。それで、自分の道を切り開いていけるのだと思います。

もし幼少期の「体験」に格差が生まれるとしたら、そういうところじゃないですか？　数字では表せないものですけれど。そこでの格差を心配するならわかります。

せっかく子どもが自分の置かれた状況で工夫して生きていく体験をしようとしているのに、「この子はほかの子よりも体験が少ない。かわいそうだ。支援してあげよう」と勝手に手を貸すことで、大事なことを学ぶ機会をその子から奪っているように思います。

お仕着せの体験を子どもたちがすればするほど、子どもたちは自分で工夫しなくなって、社会の技術力や革新力は落ちていくでしょう。インスタ映えする派手な体験ほどいい体験だと思い込まされてしまったら、日常の中のちょっとしたことに感動する感受性を鈍らせてしまうでしょう。

元「体験ゼロ群」でも、誰よりも幸せ

僕はすごく貧乏な家に生まれました。父親は漁師で、年に数回しか帰ってこない。家にはあんまりお金を入れてくれない。母親が傘張りの内職をしていました。商品を売るために、母は歩いて山を越えていました。電車賃を節約するためです。母といっしょに山を越える途中、僕はおなかがすいて弁当を広げました。でも箸が入っていなかった。すると母が近くの木の枝を折って「ほれ」と差し出してくれました。

「お母さん、天才やん！」

母との思い出のなかで、それがいちばん印象に残っている思い出です。ということは、僕にとってはものすごく大きな体験だったと思うのです。

豪華な旅行をしていたり、ちょっと出かけるにも車を使ったりするようなご家庭の友達もいました。だからといって自分がみじめな思いを感じたことはなくて、むしろ電車に乗る代わりに山を越えて近道をすることに達成感を味わっていました。お金持ちの友達よりも、僕のほうが得たものは大きいかもしれません。

僕が子どものころは、野球少年ばかりでした。野球少年といっても正式なチームに入っているわけじゃありません。町内で勝手に仲間を集めてチームをつくって、別の町のチームと試合をしていました。バットとボールが一個ずつ、それにグローブが九個あれば、二チームできます。攻守交代で道具も交換すればいいですから。空き地がいっぱいあったから、そこで練習も試合もできた。

だけどいまは、子どもたちが自由に使える場所がありません。正式な少年野球チームに入れてもらえないと野球すらできない社会になってしまいました。試合に勝ってより高度な大会に出場することが偉いかのように言われていますが、僕らのころは、隣町のチームと毎週対戦して勝ったり負けたりして、十分満足感を得られました。どっちが豊かな社会ですか？

あのころは、ただ思い切りバットを振っているだけで、自分を褒めることができました。

客観的な評価のモノサシを当てはめられてしまうと、ひととの比較になってしまいます。自分を満足させることができて、感動できて、感謝できれば、それが子どもにとっては最高の体験じゃないですか。

遊んでばかりいたすーさんにとって役に立った体験は何ですかと聞かれれば、ハッキリ答えられることがあります。廃材を担いで山に行って、木の上に小屋をつくったりした体験です。あの体験があったから、ぼろぼろだった廃屋を駄菓子屋さんにすることができました。順風満帆にお勉強ができたひとなら、そんな手間のかかることをやろうとは考えないはずです。もっと効率的に、お金で解決しようと考えるのではないでしょうか。

体験格差の議論は、いまの世の中の縮図だと思います。たくさんの体験をして、たくさん能力を伸ばしたひとが優遇されて当然の社会だという能力主義的前提を疑えていません。能力主義的な見方を抜きにして子どものころの僕のことを見てくれたのが、駄菓子屋のおばちゃんでした。そしていま、僕がその立場になりたいと思って、駄菓子屋さんをやっているわけです。

若いころに勤めていた大企業のエリートのままでいたほうがいい人生だったんじゃないかと思うひともこの世の中には多いのだと思いますが、僕にとっては、ちっぽけな赤字の駄菓子屋さんをやっているいまの生活のほうが何十倍も幸せなのです。

いまの体験格差議論のモノサシに当てはめれば僕なんて確実に「体験ゼロ群」ですけれど、いまの僕は、生き方としては誰にも負けていないと思います。

＊＊＊＊＊

不登校の小中学生が約三五万人もいるといわれているが、いま子どもたちが求めているのは〝理想の学校〟じゃない。学校が少々ダメでもやりすごすことができるように、子どもたちがありのままの自分になって息ができる場所が社会の中にたくさんあること。そんな場所のひとつに駄菓子屋さんはなりえる――。私のその思いつきはやっぱり間違っていなかったんだと思えた。

だけど忘れちゃいけない。砂川さんだって、最初から「子どもたちのために」なんて考えて駄菓子屋さんを始めたわけじゃない。自分が自分の人生を自分らしく生きるために、駄菓子屋「すーさん」を始めた。そうしたら、子どもたちが集まって、子どもたちが自分たちらしく子ども時代を過ごしてくれて、地域の大人たちも集まってきたのだ。

学校での部活も掃除も遠足も、体験

ところで第一章で触れた「子どもの『体験格差』実態調査最終報告書」では、学校外での体験のみを「体験」とカウントして、その回数やそこにかけた金額に差があることを「格差」と呼んでいる。しかし日本の学校は、出自に関係なく学校の中でさまざまな体験ができるように、工夫されている。

たとえば多種多様な部活はその最たる例だ。掃除の時間も立派な生活体験だ。いずれも海外では珍しいしくみで、日本の教育の美徳として賞賛されることも多い。林間学校や臨海学校が行われるようになったのがちょうどＹＭＣＡの組織キャンプやボーイスカウト活動が輸入された時期に重なることは、第二章で述べた。

遠足や社会科見学や宿泊行事はもちろん、総合的な学習の時間もいわゆる体験型の学習に利用されることを意図して設けられた。最近では公立の学校であっても、海外まで研修に行くケースがある。

子どもの教育に関することをなんでも学校に押しつけるのは間違っていると、拙著『学校に染まるな！』（ちくまプリマー新書）で主張したとおり、学校の外に戻せる体験は戻していくべきだと私は思うが、「どんな家庭に育っても、この社会を生きていくうえで必要だと考えられるひととおりの共通体験ができるように」という意味では、やはり学校という場所は最強のプラットフォームに違いない。

現在の学校現場ではどんな体験的学習をしているのか。ユニークな事例と現場の問題意識を二つほど紹介したい。いずれも私立中高一貫校だが、公立の学校でも参考にできる点は多いはずだ。

横浜にある私立中高一貫校、フェリス女学院では、中三の五月に長野県の上高地《かみこうち》へ二泊三日の研修旅行に行く。初日は学年全員で美術館やわさび農場などを見学する。二日目はクラス単位でのハイキングやグループ単位でのウォークラリーを行う。三日目は、個人単位で二時間くらい、梓川《あずさがわ》沿いの決められた範囲内の好きなところに陣取り、三日間のふりかえりの作品を制作する。学年全体から個人へと、まるで体験の三段活用だ。

三〇〇〇メートル級の山々を絵にしてもいいし、悠々と流れる梓川を詩に詠んでもいいし、湿地に生きる生き物たちを主人公にして小説を書いてもいい。豊かな自然からインスピレーションを得て創作したダンスを踊ったり、ピアニカを持ち込んで作曲したり、洋服のデザインを考えたりする生徒もいる。生徒たちは約一カ月前から「計画書」をつくり、どんな表現にするか、事前に作戦を立てる。

スマホのライトを当てると上高地の緑と水がキラキラと輝くしくみのジオラマや、宅配寿司のプラスチック容器の透明な蓋を重ね合わせて上高地の地形を再現した工作など、非常に手の込んだ力作も見せてもらった。さすがにこれらは現地で完成できず、帰宅してから仕上げたという。

どんな表現方法でもいい。自分自身の全身が感じた上高地を表現する。同じ時間に同じ場所にいてもそれぞれに、目や耳を向ける対象、感じとるもの、表現する方法が違う。そのことを、生徒たちは実感する。「お互いの作品発表を生徒たちはみんなすごく楽しみにしています」と阿部《あべ》素子《もとこ》校長。

どんなことをしてもいい自由を与えられると、自分と向き合わざるを得なくなる。感じ方や表現の仕方はひとそれぞれであることを実感する。一方で、みんなが上高地のクオリア（体験質）を共有しているから、絵であれ、詩であれ、ジオラマであれ、どんな作品に触れても「ああ、たしかに上高地だな」と感じられる。家族旅行で上高地に行っても、こうはならない。

上高地の自然について、生徒たちは学校で事前に詳しく学習する。「予備知識があると、自然との距離を縮めやすくなります」と言うのは、ハイキング部顧問でもある中三の担任。学習した知識と体験が生徒の中で結びつく。知識を学ぶことの大切さが体感としてわかる。夏休みの子どもキャンプにいきなり参加しても、そうはならない。

家族旅行も子どもキャンプもそれぞれに意味があるが、「学校」という枠組みで行う体験だからこそ得られるものもあるということだ。

地域に入り込む体験がもたらす学び

東京の私立中高一貫校・武蔵の副校長の加藤十握《かとうとつか》さんはこれまで、生徒たちを長崎県の対馬や群馬県のみなかみに連れて行って民泊実習を行うなど、現地に溶け込み対話する形式の教育旅行を数多く企画・実施してきた。二〇二三年には武蔵以外の学校にも呼びかけ、宮城県の鳴子温泉地区で実施された「森で学ぶ」林業体験プログラムに参加した。「教育旅行がなかば自分のライフワークのようになりつつあります」と加藤さんは笑う。

二〇年以上にわたる対馬との交流から学んだことが大きい。

「生徒たちは事前に対馬についての知識を学習します。限界集落がたくさんあるとか、少子高齢化社会の最先端の課題が山積しているだとか、理解して乗り込みます。でも、実際に訪れてみると、拍子抜けします。社会指標的な意味では課題が多いけれど、島民のみなさんはむしろ都会の私たちよりも幸せそうなんです。そのギャップは生徒たちにとって大きな学びですよね。対馬を知るというよりは、自分たちが当たり前にもってしまっていた価値観が揺らぎます」

社会課題は社会課題としてある。しかし人間の生活や幸せは、そことは別のところにあることがわかる。「社会課題を抱えるあなたたちはかわいそう」というのは社会指標にとらわれたものの見方だ。

「頭でっかちではいけないなと、痛感します。それが体験的な学習の意味ですよね。私は教育旅行に携わっていますが、わざわざ遠くまで行かなくても工夫次第でそういう学びはどこでも可能です」

加藤さんが教育旅行を考えるうえで、いつも意識している人物がいる。民俗学者の宮本《みやもと》常一《つねいち》だ。

「彼は旅する民俗学者といわれています。旅を通じて自分が変容していくだけでなく、自分が入っていくことで地域も変わることを、彼は実感したそうです。ですから私も、教育旅行を計画するうえで、地域との交流には強いこだわりがあります。その結果、何が生まれるのか、何が得られるのかは、やってみなければわからない。それなのに、体験という概念を取り上げようとすると、プロジェクトベースになりがち。プロジェクトとしての体験には、達成目標が設定されてしまいます。達成目標がモチベーションになることもあるので否定はできないのですが、一方で、体験が本来もつやってみなければわからない性質をなかなか担保しづらいのが、体験的な学習を考えるときのジレンマだと思います」

コロナで集団旅行がしにくくなったのを契機に、修学旅行の形態自体を変えていこうとする気運が学校現場に見え始めていると加藤さんは言う。物見遊山的な集団旅行から小集団での体験的な学習へという流れだ。でも現実には、旅行業者に丸投げして与えられた観光コンテンツを巡っていく、形だけの教育旅行も横行している。そこで加藤さんはいま、学校と地域をつなぐ、教育旅行のネットワークづくりを始めようとしている。

一方で、学校という枠組みでできることには構造的な限界があるとも指摘する。

「子どもたちが学校を離れたところで自分で主体的に体験を選び取る機会が、いまの社会にはあまりにも少ないと感じています。子どもたちに体験の機会を提供する責任を、プライベートな家庭に押し付けるのではなくて、社会の公共の場が担うべきですよね。地域にある図書館、体育館、公民館、児童館みたいなところを活用して、単純に居場所をつくってあげるだけでいい。そうすれば、子どもたちは自ら柔軟にいろいろなことをしはじめます。昔は公会堂とか神社の境内とか、いろんなところが子どもの居場所になっていました。そんな場所を取り戻していくだけでも、子どもの放課後体験は変わると思います」

お金がないのは前提で、子どもたちが自ら有意義な体験を選べる環境を用意してあげられるか。そこが大人の知恵の見せどころだ。それこそ社会にイノベーションをもたらす非認知能力である。そうやって社会は変わっていかなければならない。

なぜ貧困問題と体験の多寡が結びついたのか

その点、砂川さんは、駄菓子屋さんという子どもたちのたまり場をつくることで、子どもたちを中心にして地域をつなげていった。中野よもぎ塾は、高校受験というほとんどの子どもが経験する通過儀礼を建前上の目的にしながら、さまざまな立場の善意の大人たちのネットワークに子どもたちを包摂し、学校のお勉強的な学びの面ではもちろん、体験的な学びの面でも、生活的な面でもサポートしていくしくみだった。京都のｋｎｏｃｋｓ！ｈｏｒｉｋａｗａは、学校のお勉強的な学び以外の体験的な学びについても、地域で子どもたちを包摂してサポートしていこうという動きだった。

つまり、お金ではなくて、学校以外の場所と時間で子どもたちがのびのびと学ぶ環境を守ってあげられる大人たちが足りていないことが、根本的な社会課題なのである。YMCAの阪田さんが言っていた意味での「余裕」がいまの社会には足りていないから、経済的に弱い立場にある家庭の子どもたちを包摂できていないという社会構造の問題なのだ。大量に消費できるひとになるための競争には際限がないから、いくらできるようになっても「余裕」が生まれないのは当然だ。

子どもたちの放課後や休日に十分な時間・空間・仲間の「三間《さんま》」があれば、子どもたちは子ども同士で学び合うことができる。さらに何気ない日常生活のなかにすら多くの気づきをもたらしてくれる洞察と知恵と余裕のある大人たちが近くにいれば、子どもにとってはすべてが体験になり、学びになる。でもいま、三間も大人も足りない。それをアウトソーシングしようとするから、つまりお金のかかるサービスで埋めようとするから、お金が必要になる。お金が必要だから、放課後や休日の過ごし方が、貧困問題と結びついてしまう。それで、お金のかかるサービスを利用する機会の多寡（多い・少ない）が、あたかも〝体験〟の〝格差〟に見えてしまうのだ。

さらに、体験に非認知能力獲得という機能が紐づけられ、非認知能力に将来の経済的成功が紐づけられ、体験機会の格差が経済格差の世代間連鎖と紐づけられて語られるようになった。それで、体験の機会の多寡の差をなくすこと自体が目的であるかのような錯覚に、社会全体が陥ってしまったのである。

川崎市子ども夢パークの西野さんとの対話に出てきた「たくさん体験を消費して、将来子どもにたくさん体験を消費させてあげられる親になりましょう」というマインドセットを前提にした社会は、いわば「体験消費社会」である。

残りの紙幅を用い、体験消費社会への警告を発し、本書のまとめとしたい。

「差」はあっても世代間連鎖はなくせる

教育格差の議論と体験格差の議論に共通するのは、最終的にはその格差が世代間連鎖して階層を固定化するというメッセージだ。しかし最新の行動遺伝学の知見によれば、〝生まれ〟によって各人が発揮するパフォーマンスに「差」が生じるのは当然とのこと。むしろ自由で公平な社会でこそ、その「差」がはっきり表れる傾向があるという。

であるならば本来的に変えなければならないのは、教育の結果得られた〝能力〟のように見えるもので大人になってからの収入や社会的地位が決定づけられてしまうしくみではないか。教育によってそれぞれに花開いた才能を最大限に活かせる職業にみんなが就けるようにするのはもちろん、職業による収入の差が大きくならないような社会を設計すべきなのである。そうすれば経済的な格差は縮まり、仮に学力の差や非認知能力の違いはあったとしても、みんながそのひとらしく尊厳をもって生きることができる。

最終的な目的はあくまでも、誰もがそのひとらしく尊厳をもって幸せに生きられる社会の実現である。教育格差や体験格差の「差」をなくすことは、理想の社会を実現する手段の一つにはなり得ても、目的では決してない。そこを取り違えてはいけない。

本来、子どもが自分にとっての幸せを知るために人生のさまざまな体験がある。大量消費社会において構築された〝幸せ〟の形に近づくために消費したり、そのために必要な収入を得たり、そのために必要な非認知能力を獲得したり、そのために必要な体験をしたりするのではない。まったく逆だ。

よって、能力主義にもとづく競争社会を生き抜く武器としての非認知能力を得るための手段として体験を位置づける議論をいくらしても、子どもたちは幸せになれない。むしろもっと息苦しくしてしまう。これは本書の中でもトップクラスに強調しておきたい点だ。

元来、社会は助け合いのためにできたのであって、競争の場ではない。教育は、知的財産を惜しみなく共有するために行われる営みであって、子どもたちを武装させるためのものではない。そもそも人間個人の中に〝能力〟のようなものが他人と比較可能な形で内在しているわけではなく、多様な環境や人間同士の複雑なかかわりあいのなかで、それぞれの持ち味が引き出されるのだ。

子どもが自分にとっての幸せに出合う体験をするために必要なのは、体験そのものの機会でもお金でもなく、まわりにいる大人たちの洞察、知恵、工夫、機転、受容のようなものだということが、本書のさまざまな事例からわかる。それこそ非認知能力だ。子どもに非認知能力を身につけてほしいと願うなら、まず大人が、非認知能力を発揮しなければならない。大人たちが非認知能力を発揮するのを見て、子どもたちもそれを学ぶのだ。

さらに、大人たちがいろいろな幸せを体現しているのを見て、子どもたちは自分の幸せを選びとる。ならばまず大人が、この社会を支配する能力主義、競争社会、功利主義、消費型社会のような暗黙のルールそのものを疑い、その外に出て、自分にとっての幸せをそれぞれに見つけなければならない。だが五味さんが指摘するように、みんながそれをさぼっているから、暗黙のルールの中でこそつくり出される格差が世代間連鎖するのだ。

他人に幸せのモノサシを決められてそれに沿うように生きるのも、自分自身で自分の幸せのモノサシを見つけなければならないのも、実際にはどちらもしんどいことではある。でも格差のない社会を目指すなら、論理的な結論として、後者を選ぶよりほかはない。

それぞれの親に、その親にしかない魅力がある

体験が多ければ多いほど子どもの世界は広がるというのもおそらく幻想だ。これまでの取材経験からいわせてもらえば、その子にとっての世界の広さや選択肢の多さが体験の量に比例するわけではない。この点については、自身のまわりを冷静に見渡してみるだけでも、多くのひとが同意してくれるだろう。

一人の人間が実際に体験できることなんてたかがしれているのだから、体験できたもののなかからベストを選ぶなんて発想では本当のベストに出合える確率はかなり低い。だが、人間には自分にとって大切なものに反応するセンサーが予め備わっている。センサーが反応すると、わくわくして、目が輝き、時間を忘れるようになっている。だから、何百人とお付き合いしなくても、特定の誰かを好きになり、愛することができる。

子どもの世界を広げるには、実際にどこに行って何をするかよりも、実感をもっていろんな世界を知っているさまざまな立場の大人とどれだけふれあう機会があるかのほうが重要だ。本やインターネットなどのメディアはそれを補完してくれる。

親自身が体験しなかったことを、親は子どもにやらせない傾向があるというデータは存在する。データを示すまでもなく当然のことだと思う。しかしそれの何が問題なのか。仮に多様な体験をしてこなかった親であっても、そのひとがそのひとなりに子どもと全身全霊でかかわれば、子どもはそこから多くを学ぶ。その子が体験不足で将来困るなんてことはあり得ない。第二章の西野さんや本章の砂川さんの話からも、わかるだろう。

たしかに「親ガチャ」はあるが、そのガチャにハズレなんてない。違いをむりやり序列化して格差にするからアタリ・ハズレがあるように思わされてしまうだけだ。ぜんぶがアタリだと思えるようにするのが、本来の社会の役割だ。

ちなみに私はスキーもゴルフもしたことがない。両親がしなかったからだと思う。でも釣りはする。父親が釣り好きだったからだ。山で食べられるものを見つけるのも好きだ。父が山猿のように育ったひとだったからだ。海に行けば、海水浴というより漁だった。素潜りでタコやエビや貝を獲った（昔は家族が遊びで獲る程度なら問題にならなかった）。

沖縄県の竹富島で子育てをしていた母親から聞いた話も示唆に富む。島には大きな美術館も博物館も動物園もない。習い事の選択肢だってごく限られている。でもかわいそうだなんてまったく思わないと言う。島には高校すらないので、彼らは一五歳で家を出て寮生活になる。それを前提に、島の大人たちは子どもたちを愛おしそうに見守り、みんなで育てていた。彼らはむしろ都会の子どもたちよりもよほど豊かな体験をしながら、人間的にとてもたくましく育っていると証言する。

教育格差議論のなかでよく聞く「大学進学を望まないのはその価値を知らないからだ（無知でなければ大学進学を望むはず）」のような価値観の押しつけは本当にやめたほうがいい。「そのほうが上等だ。格上だ」と思い込まされているのは自分たちのほうかもしれないのだ。「自分たちこそすごく狭い価値観で世の中を見てたのかもしれないと、無料塾をやっていてハッとさせられることは多い」と、第二章で前出の大西さんも証言する。

あるいは、体験のためにはお金を出すものだと思っている家庭で育った子どもたちが大人になったら、やはりお金で買う体験を子どもたちにさせるだろう。お金がないと体験ができないと思っているひとたちはおそらく、お金をかけずに体験する機会が少なかったのだ。それは格差というより家庭の文化であるから、別に同情もしない。それぞれの親に、その親にしかない魅力があるはず。その違いを認め合う社会になることのほうが重要だ。

マインドセットを変えて負の連鎖を止めよう

給食が食べられない夏休みに痩せてしまうとか、自転車を買ってあげられないなどの貧困問題、およびそのせいで子どもがつらい思いをするいわゆる「子どもの貧困」は、教育無償化やひとり親家庭への経済的支援の充実などという形で、体験機会の格差の有無にかかわらず、早急に対処されるべき政治的課題である。

病気、怪我、離婚、リストラ……。この社会に生きるひとなら誰でも、いつ自分がそのような立場になるかもしれないことを、肝に銘じておかなければいけない。社会の片隅でぽつりと小さくうずくまっているひとは、常に自分自身なのだ。

そのときに、教育バウチャーのようなものによって救われる子どももいる。能力主義、競争社会、功利主義、消費型社会のような暗黙のルールが支配するこの社会においては、教育バウチャーのような即効性の高い解決策が必要な場面は絶対にある。しかし体験(しかもお金がかかる類いのもの)を競争社会や能力主義に結びつける論理を振りかざせば、ますます状況を悪化させる危険性があることは、何度強調してもしすぎることはない。

ある〝体験〟によって「やり抜く力」や「自制心」などの非認知能力が向上するという エビデンスが得られたとしても、反面でそのような〝体験〟をふんだんに与えられることによって子どもたちに個体能力主義的人間観や功利主義的価値観や競争意識や自己責任論がマインドセットとして刷り込まれてしまうのであれば、世の中は良くならない。そのマインドセットこそが学びを歪め、歪んだ学びがさらに次世代のマインドセットを強化する「負の連鎖」が止まらない。

体験消費社会を所与のものとした体験格差解消策は、アヘン（哲学者の斎藤幸平《さいとうこうへい》さんは著書でSDGsをアヘンと称して批判した）とまでは言わないが、少なくともステロイド程度には副作用をともなう対症療法であり、根治療法ではない。

「問題を生じさせた考え方（マインドセット）を手放さない限り、我々はその問題を解決できない」。アインシュタインの有名な言葉だ。

子どもたちが体験を通じて得るものは？

私の子どもが小さかったころ、「ペットを飼いたい」とせがまれたことがある。私はペットショップでハムスターやインコのようなペットを買うことをイメージし、躊躇した。

その日の午後、スコップで公園の地面を掘り返して遊んでいた子どもが何かを見つけた。コガネムシの幼虫だった。

「やった！ 僕、これを飼う！」

私は勝手にペットショップで売っている生き物をペットだと思い込んだ。消費型社会に毒されていた。だが子どもにとっては、コガネムシの幼虫だって立派なペットだったのだ。

また、山の中の湖で釣りをしたときのこと。「僕、魚釣ったことあるもんね」と、釣りに誘ってくれた私の弟（つまり子どもの叔父）に、子どもは得意げに言った。小川でクチボソを釣っただけなのだが、子どもにとってはクチボソ釣りもマス釣りも違いはない。

ハムスターを飼える子は恵まれていて、コガネムシの幼虫を空きビンの中で飼っている子は気の毒なのか。湖でマスを釣ったことのある子が恵まれていて、小川でクチボソ釣りしかしたことがない子は気の毒なのか。子どもの世界ではそこに格差はない。そこに格差があるかのように見えてしまう大人の心こそ「呪い」にかけられているのだ。

また、たとえば同じ山の中の湖で同じときに魚釣りをしても、子どもによって体が知ることは違う。どうやったらもっとたくさん釣れるのか試行錯誤する子どもがいる。釣れた魚を食べて美味しかったことが印象に残る子どもがいる。釣れた魚をさばくのがかわいそうで命の重みを痛感する子どもがいる。太陽光を乱反射する水面《みなも》の美しさに感動する子どもがいる。魚釣りという体験は同一でも、それぞれの子どもにとって体験の意味は違う。

それが先述したセンサーの違いだし、それが個性だし、そうやって個性は磨かれる。

当然ながら誰と体験するかは大きな意味をもつ。たとえば、スポーツ、絵画・造形、音楽、キャンプ、海水浴、お祭り、奉仕活動……などと、非認知能力を育成するのに良いと考えられる必須体験リストをつくるとする。それを家族との安心感のなかで体験するのと、見ず知らずの子どもたちとドキドキしながら体験するのとでは、どちらがいいか悪いかではなく、まるで体験の意味が変わってくる。

場との関係性もある。慣れ親しんだ公園で体験することと、学校の裏山で体験することと、ゲストとして国立公園の山を訪れることは違う。国立公園の山よりも、公園の築山のほうが、子どもたちに多くを与えてくれることは大いにあり得る。〝無人島で学べる本当に大切なこと〟はたいてい、公園の砂場でも学べる。

いきいきとした体験で子どもたちが得ている本当に大切なものは、非認知能力のようなものではなく、知らなかった自分自身との出会いだ。自分自身の再発見といってもいい。その体験がどこでどのような形でその子の人生に影響を与えるかなんて知る由もない。

病気のつらさや怪我の痛みを体で知るのも体験だ。全力を尽くして臨んだ受験で不合格を味わうのも体験だ。不登校だって失恋だって体験だ。クラスのみんながもっているゲーム機を買ってもらえないという体験にもきっと意味がある。サッカーがやりたいのにできないという体験はそのときはとてもつらいけど、その意味はきっとあとからわかる。仮にいまサッカーができなかったからといって、自分だけ一生何かが足りないなんてことは絶対にない。だから親御さんも、それを気に病む必要はない。

ここでようやく自分の言葉として私は明言する。ひとの体験に格差なんてない——。

体験消費社会への三つの警告

市場経済原理が世界を過酷な競争社会に変え、個体能力主義的人間観を生み出した。それがハイパー・メリトクラシーというべき社会状況と、それに子どもを適応させようとする功利的教育観をもたらした。

地域が空洞化し、子どもたちの近くから親でも先生でもない大人たちが消えた。裏山は開発され、空き地は立ち入り禁止になった。子どもたちが日々の暮らしのなかで非認知能力を発揮する機会が奪われ、それらに代わる放課後体験がアウトソーシングされる。子どもの体験にいちいちお金が必要になった。

そこに消費型社会のマインドセットが結びつくことで、「体験消費社会」とでもいうべ

図2　体験消費社会の構造

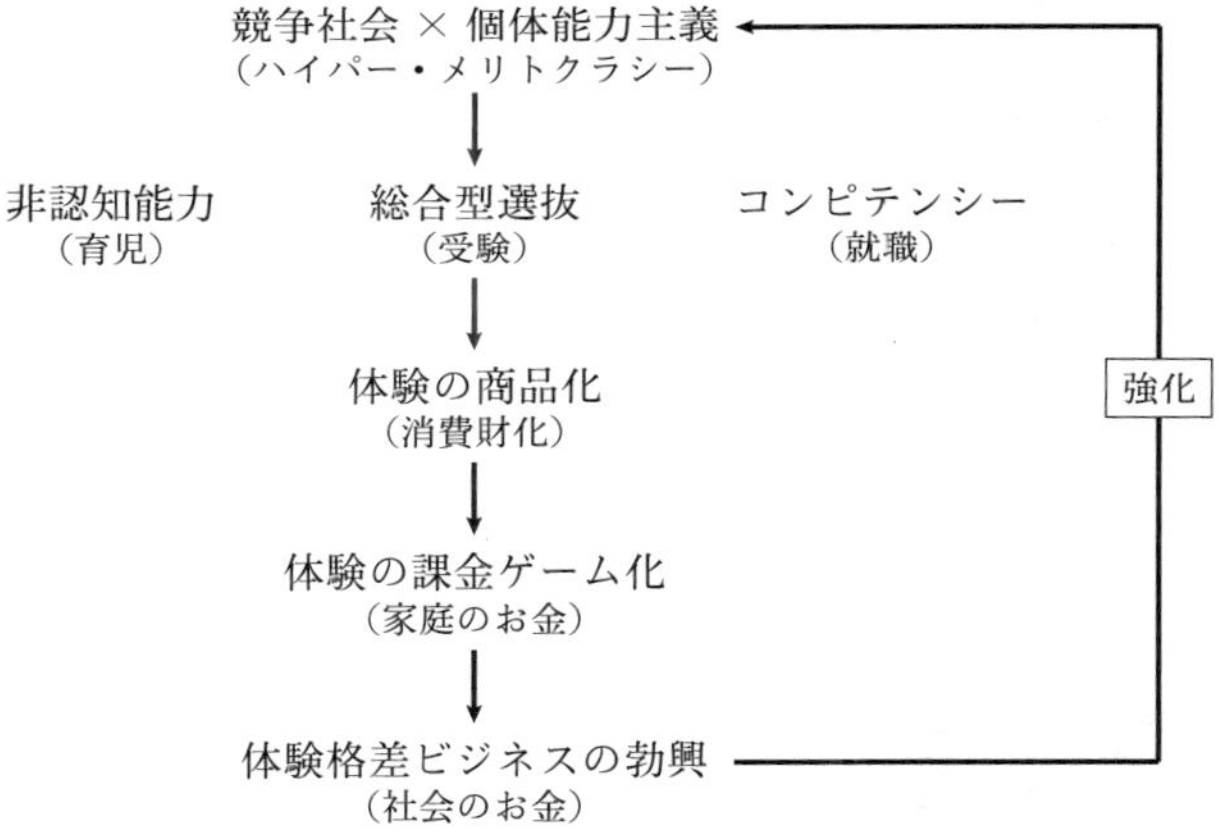

き状況が生じた（図2）。さらに、「こども庁」ではなくて「こども家庭庁」と命名されたのに象徴されるように、子育ての家庭依存度が高まり、結果として子どもの体験量が家庭の貧困問題と関連づけられて語られるようになった。それが「体験格差」なる概念だ。

体験格差の議論が軽率な論理で流布すれば、体験消費社会に拍車がかかる。するとどうなるか。最も影響が出そうな部分を、本書からの警告として三点にまとめる。

子どもに直接かかわるひとたちのみならず、メディア関係者も十分に留意すべきである。

◆子育ての家庭依存が進む

生まれた家庭によって子どもが得られる体

験に格差があるように見えてしまうことからわかるのは、この社会が、子育てを個別の家庭に押しつけすぎているということだ。社会が本来の社会としての機能を失い、競争の場になってしまっているということだ。教育が、子どもたちを武装させる営みになってしまっているということだ。

機能不全に陥った社会の中で、学校以外の場での体験を子どもにさせるのが家庭の責任であることを前提にした子育て支援策が多くなると、ますます子育てを家庭に依存する度合いが強くなる。親の負担が大きくなる。自己責任論を盛り上げることになる。それではますます親へのプレッシャーは強くなり、それがそのまま子どもたちの肩にものしかかる。親にとっては子育てしにくく、子どもにとっては息苦しい社会になっていく。

「一人の子どもを育てるには村全体が必要だ」という有名な言葉があるように、子どもの育ちを、家庭教育のアウトプットとみなすこと自体に無理がある。親のキャラを含めた家庭環境に違いがあるのは当然だ。家庭だけでは子どもの育ちに偏りができるのも当然だ。だからこそ村全体で子どもを育てることで、偏りが補正される。「子育て支援」ではなく「子ども支援」が必要だ。直接子どもにかかわる大人を増やすことだ。

◆学びの喜びが奪われる

現在、「学び＝学校のお勉強＋体験」と表現できる。「体験＝学び－学校のお勉強」としてもいい。元来、子どもたちにとっての学びとは、「学校のお勉強」と「体験」のように区別できるものではなかったが、学校ができたことで区別されるようになった。

この世の神秘を体で知り、そこから学ぶことは、子どもたちにとって本来喜びに満ちた営みであったはずだ。しかし学校ができて、学びに達成目標が設定され、その達成度合いによって子どもたちを競わせ、比較し、序列化するようになった。そうして、いわゆる学校のお勉強として認定された分野の学びから、躍動感と喜びが奪われた。そのぶん、体験から得られる学びはまだ輝いて見えていた。しかしいま、それも危機に瀕している。

さきほどの数式的表現は「生きる力＝認知能力＋非認知能力」とも置き換えられる。体験に、将来の〝成功〟のために必要な非認知能力の獲得という達成目標が設定されることで、体験を通した学びまでもが、学校でのお勉強と同列のものにされようとしている。このままでは、体験を通した学びからも、躍動感と喜びが奪われる。それはすなわち、子どもたちのあらゆる学びから、喜びが奪われることを意味する。

体験の教育的価値は認めつつ、先回りして体験を用意するのではなく、子どもたちの

「いいこと思いついた！」の到来を待てる品の良さが、大人たちに求められている。

◆子どもたちの自己像が歪められる

いわゆる「子どもの貧困」の表象のひとつとして、やりたいことができない、学びたいことを学べない子どもがいるのは事実である。そういう子を支援するのは、学びたい子どもが学びたいだけ学べる社会を実現する一環として行われるべきだ。

一方で、〝体験〟は多ければ多いほどいいのではない。能力獲得を目的とした武装としての体験をいくらしても、自分の幸せを見つけることにはならない。むしろ一定量を超えると、被虐待児と同様の身体症状が表れる可能性すらある。さらに、その分岐点には非常に個人差があるので、体験から得られるものの価値を、客観的な体験量の多寡で序列化することはできない。よってそれを「格差」と呼ぶことはできない。

なのにそれを、子どもたちの将来に負の影響を与え続ける「格差」とラベリングしてしまうと、「体験が少ない自分はかわいそうな存在だ」という自己像を子どもに抱かせてしまう怖れがある。さらに深刻なのは、「体験が少ない自分は、ひとよりも何かが欠けたまま大人になるしかないのではないか、もう取り返しがつかないのではないか」という恐怖を植え付けてしまうことだ。

体験の回数や費用など数えられる部分だけを見て、自分たちは豊かだと勘違いする子どもも、自分のことをみじめだと思い込んでしまう子どもも、この社会を支配する能力主義、競争社会、功利主義、消費型社会のような暗黙のルールに知らず知らずのうちに自己像を歪められているという意味で被害者だ。

本来の意味での体験とはむしろ、そのような見えない檻《おり》に閉ざされていた自分と出会い直し、檻の外に出て自由になり、自分なりの幸せを見つけるためのものであるはずだ。

体験格差解消を掲げる団体のスタンス

体験格差の解消を掲げて活動する四つの団体に、右記の三つの警告を懸念としてぶつけてみた。第一章で前出の、チャンス・フォー・チルドレン、フローレンス、リディラバ、放課後ＮＰＯアフタースクールだ。

リディラバからは多忙を理由に回答が得られなかったが、その他三団体からは文書にて以下の回答が得られた。表記の統一だけをした原文のままを転載する。なお、放課後ＮＰＯアフタースクールは第一章で触れた「感動体験プログラム」でソニーグループと協業しているが、ここでは個別の団体の見解として回答をもらっている。

――いくら経済的に支援したとしても、学校以外の場での体験を子どもにさせるのが家庭の責任であることを前提にした子育て支援策が多くなると、ますます子育てを家庭に依存する度合いが強くなるのではないか。

◆フローレンス

ご指摘のとおり、特にひとり親家庭などは経済的な問題だけではなく、時間的余裕がないことも体験が不足しがちな状況につながっていると考えていますので、子育ての家庭依存を強めるべきとは考えておりません。一方で子どもの体験格差は、その親自身が十分な体験をこれまでしてこなかったことも一つの要因としてあるのではと考えています。さまざまな体験を通じて、親も子も視野や興味が広がり、いままでとは違うお金や時間の使い方の選択肢をもつことにつながるのは、意義のあることだと考えています。

同時に、学校に子どもの支援をすべて依存するのもまた現実的ではなく、教員の過重労働の問題も無視できないことだと思います。また、学校で一律に提供される体験は重要であるものの、子ども一人一人の志向や特性を考慮すると、「自らやりたいと思ったことを自主的に体験する」機会は、学校で提供されるものだけでは十分とはいえないのではないかとも感じています。すべてを学校に委ねることも、家庭の責任とすることもせず、社会全体で子どもを育てるという視点に立ち、子どもの自己実現を支える体制を整えていくことが必要だと考えています。

◆放課後NPOアフタースクール

体験格差の問題は、家庭の責任ではなく、社会のしくみの問題として、解決に向けて社会全体で取り組んでいく必要があると考えています。もちろん、困難を抱える子どもたちや家庭に支援が届くこと自体は必要であり、とても望ましいことだと思います。ただ、それはどちらかというと対症療法であり、もっと根本的な構造を変える打ち手が必要ではないかと思います。子育てを家庭に依存しすぎる構造を、地域社会で子どもが育つ構造に変えるために、現代に合ったしくみづくりが必要だと考えています。

私ども放課後NPOアフタースクールでは、そのしくみの一つとして、放課後に小学校の施設を活用し、就労等の制限なく在校生は誰でも参加ができ、地域とかかわりながら多様な体験機会を得られる「アフタースクール」を提案しています。アフタースクールでは、多様な体験の選択肢があるなかから子ども自身が過ごし方を決めるなど、主体的に過ごせる場づくりを大事にしています。また、アフタースクールの導入までは難しくても、既存の放課後児童クラブ等が地域と連携して多様な体験ができる場になっていくためのノウハウ提供や、企業と連携して全国の子どもたちに体験機会を届ける活動も行っています。決して万能というわけではありませんが、同様の取り組みが全国各地に広がっていくことで、問題解決に寄与できるのではないかと考えています。

——体験に、将来の〝成功〟のために必要な非認知能力の獲得という達成目標が設定されることで、体験を通した学びまでもが、学校でのお勉強と同列のものになってしまうのではないか。

◆フローレンス

「体験」というと、遊び、贅沢、もしくは学校でのお勉強よりは優先度の下がるもの、という認識が現状広くあるのではと考えています。しかし、我々はむしろ机上の学習だけでなく、多様な体験を通じてこそ、好奇心や自主性、協調性といった非認知能力が培われると考えており、こうした能力は豊かな人生を送るうえで重要なものだととらえています。そのため、体験は非認知能力の獲得にもつながる、というメッセージを打ち出すことは、体験が不足しがちなご家庭に我々のような事業を通じて、さまざまな体験をしてみようと思っていただくきっかけにもつながり、また体験格差を社会課題として認知し、支援や応援の気持ちを広く形成していくためにも必要だと考えています。

一方で、体験を通しての学びの魅力は、五感を通して能動的に新たな気づきや感動を得られることだと思います。そうした楽しさを奪わないように、サービスの利用会員に対して、一つ一つの体験は非認知能力獲得という目的のために行っていただきたいというようなコミュニケーションはしておりません。

◆放課後NPOアフタースクール

体験を通した学びは、前提として、子ども自身が主体的にその体験に取り組むことが重要だと考えています。そのため、子どもの体験に対して、他者（大人）が「達成目標を設定する」ことは本質的ではないととらえています（子ども自身が主体的に目標を設定することは別です）。そのような「ねじれ」が生じてしまわないよう、かかわる大人や組織が体験の本質的な意味をきちんと理解しておくことが重要だと思います（自戒を込めて）。

――体験機会の多寡を、彼らの将来に負の影響を与え続ける「格差」とラベリングしてしまうと、「体験が少ない自分はかわいそうな存在だ」という自己像を子どもに抱かせてしまうのではないか。「体験が少ない自分は、何かが欠けたまま大人になるしかないのかも。もう取り返しがつかないかも」という恐怖を植え付けてしまうのではないか。

◆フローレンス

格差という言葉によって、当事者にネガティブな気持ちを与えることは避けるべきだと考えます。ただ実際に家庭の経済状況などにより、子どもが得られる体験の機会に大きな差が生まれていることは事実ですので、その現実にしっかりと向き合い、社会に訴えかけ、認知を広め、解消に向けた取り組みを推進していくことこそが、すべての子どもにより多くの選択肢と可能性を提供することにつながると考えています。

一方、サービス利用会員に対しては、恐怖心を植え付けるのではなく、楽しみながらさまざまな体験をしていただきたいと考えていますので、「こども冒険バンク」事業では、サービス利用者が目にするサービスサイトなどでは、「心おどる体験と出会う場所」と打ち出し、わくわくするトーンで届ける工夫をしています。

◆放課後NPOアフタースクール

おっしゃる懸念は理解します。右記の懸念のような弊害を生まないよう、対象となる子どもへ直接支援を届けるときには十分な配慮が必要だと思います。また、だからこそ、対象を限定した支援のアプローチだけでなく、すべての子どもに開かれた体験機会を生み出すしくみづくりが必要だと思います。

一方で、関連する問題意識として、体験格差の当事者となる子どもは、「自分は体験が少ない」ということを認知できない場合も多いのではないかと思います。子どもが何かを「やりたい」と望むためには、何らかの情報を得て、その選択肢があることを知っている必要があります。「望むけどできない」状態以前に、「選択肢を知らず望むことすらできない」状態のほうが、子どもの世界が狭いまま広がらない構造にあり、また、声があがらず支援が届きにくい、問題視すべき状態かもしれません。

チャンス・フォー・チルドレンからは、三つの懸念に対してまとめて次の回答だった。

＊＊＊＊＊

おおた様のご懸念について首肯します。調査も含め、当事者の声に耳を傾けると、見過ごすことの難しい課題であると感じています。さまざまな形で子ども支援に現場でかかわられてきた方々からも、体験の重要性について伺うことが多くあります。同時に、この課題へのアプローチの仕方、社会への伝え方についての熟慮も必要だと考えています。

弊団体代表の著書『体験格差』や関連する記事などでは、個々の家庭に放置するのではなく社会として取り組むことの必要性、体験自体の楽しさや他者とのつながりなど非認知能力にとどまらない体験の意義（同時にその剝奪の意味）についても、できるだけお伝えしたいという思いで発信をしてきました。

以下は『体験格差』の第三部「体験格差に抗う」に記した日本社会への提案です。

提案一　体験格差の実態調査を継続的に実施する

提案二　体験の費用を子どもに対して補助する
提案三　体験と子どもをつなぐ支援を広げる
提案四　体験の場で守るべき共通の指針を示す
提案五　体験の場となる公共施設を維持し活用する

こうした考えをもとに、弊団体では、子どもの体験奨学金「ハロカル」という事業に取り組んでいます。現在、東京都墨田区に事務所を構えているのですが、周辺の地域で活動するさまざまな体験の担い手の方々にも参画いただき、子どもたちの体験（広い意味での学び）をみんなで支えられる地域づくりに貢献していきたいと考えています。

「ハロカル」には「ハロー・カルチャー（文化や体験との出会い）」と「ハロー・ローカル（地域の大人との出会い）」という二つの意味を込めており、規模の大きな事業者ではなく、広くは知られていないものの取り組みに共感してくださる地域団体やＮＰＯ、クラブ、サークル、習い事などの「小さな担い手」の皆様と連携し、子どもや親たちとのつながりを支えていきたいと考えています。

＊＊＊＊＊

また、放課後NPOアフタースクールは、文書での回答の前にオンラインでの対話の中し出があったので、喜んで応じた。オンラインで私がなにげなく発した問いかけに対して、文書での回答に左記のとおり付記があった。

――体験格差という言葉が使われるとき、体験にお金が必要であることが前提になってしまっているのはおかしいのではないか。

昨今、「体験格差」という言葉が「貧困」と結びついて、広く認知されつつある傾向を認識しており、支援が必要な子どもの存在への社会的認知が進み、支援策が届きやすくなることは望ましい動きととらえています。また、子どもの教育に関して、学力や偏差値への偏重でなく「体験」の価値に目が向けられつつあることも望ましい変化ととらえています。一方で、「体験」という言葉が狭義の意味（≒習い事、ともすると「学習以外のスキル習得」のような偏ったとらえ方）で使われ、子どもにとっての本質的な価値が適切に理解されていないように感じる場面も多く、その点については問題意識を感じています。

「体験」と聞いて多くの方々がイメージする習い事や非日常の特別な体験（旅行など）ももちろん大事ですが、同様に、日常のなかで友達や異学年の子ども同士で自由に遊んだり、多様な大人とかかわることを通じて多様な価値観に触れたり、目的も評価もなく子ども自身が「ただ楽しい、やってみたいと思うこと」に夢中になるなど、そういった体験を通した学びも含めて、真の「体験」の価値として社会的に認知されるべきと考えています。

――体験の成果を数値化して評価すると、本来子ども自身が価値を決めるはずの体験に、成果を出すための活動という性格が付与されてしまうのではないか。評価対象となる観点に、活動の目的が吸い寄せられてしまう危険性があるのではないか。

昨今、社会課題解決の活動においてインパクト評価が重視される傾向があり、放課後NPOアフタースクールとしても、今後インパクト評価に取り組んでいく計画を立てています。インパクト評価を行うことで「子どもたちに達成目標を課す」ような作用を生むことは、決して本意ではありませんし、避けなければならないと考えています。インパクト評価は子どもの評価ではなく、あくまで我々の活動の評価です。NPOにとってのインパクト評価の目的は、活動を評価し改善につなげること、そして、ステークホルダーへ活動の価値を説明することで、継続的なリソースの確保につなげることだと考えています。

企業・NPO・行政など立場が異なれば、それぞれに存在意義や論理があり、当然のことながら、目指すことが完全に一致するということはあり得ません。それでも、強みを活かし合って、子どもたちのために協働することは非常に大きな意義があります。私どもがさまざまなステークホルダーと協働する際、丁寧に対話を重ね、互いの違いを認識したうえで、共通のアジェンダを立てて、ゴールの重なりを見出すように努めています。そのプロセスにおいて、私どものように子ども支援に携わる団体は、常に子どもの視点に立って、子どもにとって良いことは何かについてステークホルダーとともに考えていくことが重要だと考えています。文化や論理の違う者同士が協働することは簡単ではありませんが、子どもたちのために手放さずに向き合っていきたいと思います。そのために必要な手段として、インパクト評価もうまく使いこなせるようになっていければと考えています。

各団体の回答をどう解釈・評価するかは読者に委ねたい。彼らの活動には敬意を払いつつ、私からはひと言だけお願いがある。

　子どもは「いまを生きる生き物」である。なのにそれを忘れた大人たちが子どもの将来の経済的成功を案じてすることは、往々にして「大人の良かれは、子どもの迷惑」なのである。将来の経済的成功やそのために必要な能力のためでなく、目の前にいる子どもの目が、いま、ここで輝くことだけを考えて支援することに極力注力してほしい——。

「呪い」のゲームそのものを変えよう

「体験格差」という概念が生まれる背景を論じることで、この社会の暗黙のルールと、そこでくり広げられるゲームが、くっきりと浮かび上がってきた。

　いわゆる「子どもの貧困」の状態にある子どもたちの、体験の機会も不足するという側面にスポットライトを当て、支援のための資金を集めやすくする強力なインパクトが「体験格差」という言葉にはある一方で、その言葉の響き自体が私たちの無意識の中に暗黙のルールをマインドセットとしてさらに強く刷り込み、ゲームをより過酷なものにしてしまう怖れもある。両刃の剣だ。

　いわずもがな、この暗黙のルールとマインドセットこそ、「はじめに」で予告した「呪い」の正体だ。

今回は体験を切り口にしたが、この「呪い」は、この社会に生み出されるさまざまな格差の元凶だと考えられる。「呪い」のゲームの中でこそ生じる〝格差〟をなくすことばかりに意識を奪われてはいけない。「呪い」を振りほどき、自分たちが乗っかっているゲームそのものを変えることにこそ意識を向けようではないか——。

格差をつくらない教育のあり方を考えるのも大切だが、格差の解消を教育頼みにしてはいけない。それは課題解決を次世代に先送りすることにほかならない。あらゆる違いを〝格差〟にしてしまう社会の歪んだしくみこそを、いまいる大人たちがいまのうちに変えていこう。ほどほどに足るを知る調和的な豊かさを取り戻そう。

そのうえで、学びたい子どもが学びたいだけ学べる社会にするために、子どもにとっての学びになることはなんでも、極力無償あるいは低廉でできる社会を目指していけばいいと私は思う。もちろん個別の状況による判断は必要ではあるが、原則的な方向性としては。

子どもは息をする。子どもは水を飲む。子どもは食べる。それと同じくらい自然なこととして、子どもは学ぶ。子どもが学ぶのにお金がかかること自体がおかしいのだ。

教育無償化については、逆進性を指摘する声もある。この社会が能力主義を前提とした競争の場であるとすればたしかにそのとおりだ。すでに有利な立場にいる〝勝ち組〟の子どもたちが、無償化で浮いたお金をさらなる〝能力〟獲得のための課金に回すことができるようになってしまうからだ。

しかし、教育の結果子どもたちが得たものを、彼らが自己実現のためだけでなく社会に還元するのなら、社会全体が豊かになる。みんなが得をする。〝能力〟で序列化することではなく、それぞれの持ち味を引き出し、それらを組み合わせて社会を豊かにしていくことまでを含めて「教育」と呼ぶのなら、学びたい子どもには学びたいだけ学ばせてあげたほうがいいことになる。ただし、あくまでも本人が学びたいと思っていることを。たとえ本人がそれを学びだとは自覚していなくても。

人類学的な文献を読みかじっても、どうやら私たち人間社会は後者の形をとるのが自然であり、教育や子育てが将来の労働者としての価値を高めるための競争的営みになってしまったのは近代以降のことなのだ。それを元に戻せとは言わないが、さっさとコンピテンシー（競合優位性）などという考え方を手放し、競争的ではない教育の新しいあり方を模索することが、世界に画期的なイノベーションやパラダイムシフトをもたらすきっかけになると私は考えている。

難しいことではない。

『光る泥だんご』（ひとなる書房）の著者で二〇二二年に亡くなった京都教育大学名誉教授の加用文男《かようふみお》さんは、二〇〇一年のドキュメンタリー番組でディレクターから「光る泥だんごづくりが子どもの将来にどういういい影響をもたらすのか」と訊かれ、次のように答えたと言い伝えられている。

「これをやったからといって、それが何かにつながって将来こういうふうにいい結果が出るなんてことは、考えたくもない」

こういう大人を増やしていけばいいのだ。私たち一人一人がこういう大人になればいいのだ。

横顔をそっと見守るスタンスで

最後に、「わが子にどんな体験をどれくらいさせるべきなのだろうか」と頭を悩ます親御さんたちへ。

「そんなに意識して教育的な意図をもった体験をさせなくても、お子さんはちゃんと育ちますから大丈夫ですよ」と伝えたい。根拠は本書の中に十分に見つけられたはずだ。

大人が先回りして体験を用意してあげなくても、子どもは子ども同士で学び合う。その子にとって本当に必要な体験は、その子が自分で見つける。一回や二回チャンスを逃しても、その子にとって本当に必要な体験のチャンスは何度でもやってくる。何かを体験できなかったからといって、何かが足りないまま大人になるなんてことはない。

大切なのは、体験の回数やかけた金額ではない。どんな関係性のなかで、どんな気分で体験するかだ。そしてこの世界とのかかわりのなかで、知らなかった自分と出会うことができるかどうかだ。

親から何かを提案するならば、将来のための損得勘定を抜きにして、家族でこんな時間を過ごせたら楽しそうだなとか、こんな思い出を残せたら素敵だなというイメージが湧くことをすればいい。あるいは純粋に、親自身が大好きなものを紹介するつもりで、子どもを誘ってみればいい。

支えてくれる大人がまわりにいれば、一見ネガティブな体験からも子どもは多くを学ぶ。生きていればすべてが体験。子ども自身が世界と向き合い、試行錯誤し、感動し、打ちのめされる体験を通して何かを学んでいる横顔を、そっと見守ってあげることができれば、親としてそれ以上すべきことはない。それ以上すべきではない。

おわりに

かつて、スタイルの異なるいろいろな幼児教育の現場を取材したことがある。

ある幼稚園の教室には、木の板や石ころやドングリのような質素なおもちゃしかなかった。かたや別の幼稚園には、知育玩具がよりどりみどり並び、消防士や看護師など、キッザニア（本格的な職業体験的ごっこ遊びができる子ども用テーマパーク）顔負けのなりきりコスチュームまで取りそろえられていた。

どちらの幼稚園に通う子が恵まれているのだろう？　これは格差なのだろうか？

前者の幼稚園では取材に際して、子どもたちにはあまり接近せず、目も合わせず、絶対に話しかけたりせず、子どもたちがおもちゃとして使う木の板を磨く作業をしながら教室の隅に静かに座っていてほしいと言われていた。要するに、子どもたちの日常を乱さぬよう、空気になっていてくださいということだ。

一方で後者の幼稚園。朝の会をやっている教室をそーっとのぞき込むと、子どもが恐竜についての〝発表〟をしている途中だった。にもかかわらず、私に気づいた先生はそれを遮り、「みなさん、お客様が来ています。ご挨拶しましょう」と言って、子どもたち全員を起立させた。子どもたちはお行儀よく「おはようございます」と唱和した。

子どもたちにどんな違いが出るのか？　本書をここまでお読みになったみなさんなら、想像がつくだろう。

前者の幼稚園の子どもたちは好奇心旺盛で、生きている躍動感に満ちていた。後者の幼稚園の子どもたちの目はよどんでいた。もちろん全員ではないが、心配になるほどに目の輝きを失い、茫然自失といったくらいに無気力になっている子どもたちもいた。あとで聞けば、なるほど、小学校受験予定者が多い園でもあった。

数日違いで訪れた二つの園の子どもたちの目の輝きの違いは、私にとってあまりにショッキングだった――。

非認知能力ブームに体験ブーム。その前提としての体験消費社会。その結果としての体験格差議論。そこから見えてきたのは、私たちが内面化してしまい自分では疑うことすら難しくなってしまっている社会の歪みだ。すなわち「呪い」だ。本書では、市場経済原理、消費型社会、競争社会、功利主義的教育観、個体能力主義的人間観などの言葉で表現した。

これらの歪んだ土台を前提にすれば、たしかに体験の機会に格差があるように見えるし、それを埋めるために教育バウチャーのような解決策にたどりつくのは論理的に正しい。

でもいま私たちがなすべきことは、「呪い」を振り払い、歪んだ土台そのものを直すことだと、私は訴えたい。この歪みは、人間社会が進化するために経なければならなかった過渡期の一時的な症状なのだと私はとらえている。つまり、この先が必ずある。

くり返す。教育格差や体験格差という現実を目の前にして根本的に必要なのは、公正な競争を実現することではなく、そもそも公正な競争などあり得ないことを前提に社会の土台をつくり直すことだ。少しでも「差」をなくすことはもちろん大事だが、それだけに閉ざされている場合ではない。

「呪い」によって維持されているデタラメなメリトクラシーの構造を少しずつ緩めて、社会の歪みを全面的に直していかなければならない。並大抵のことではない。一夜で「呪い」を解いてくれる魔法はないし、たぶんヒーローも現れない。自分たちで地道にやるしかない。

だけど、本書が示した方向へ、みんながそれぞれに一日一ミリずつでも動けば、きっと社会も少しずつ動く。コスパやタイパを度外視する覚悟を決めて、仲間を増やしながら、お互いに励まし合いながら、続けよう。子どものころ、小学校のいたって普通のプールの縁に沿ってほんの数人が一方向に歩き出し、次第にみんなもそれに続くと強い水流が生まれ、しまいにはプール全体が大きな渦を巻く流れるプールになったように……。

教育格差も体験格差も笑い飛ばせるくらいに豊かな社会を子どもたちに残す方法はそれしかない、気がする。

二〇二五年三月　おおたとしまさ

おおたとしまさ

教育ジャーナリスト。1973年、東京都生まれ。麻布高校出身、東京外国語大学中退、上智大学英語学科卒。リクルートから独立後、数々の教育誌の編集に携わり、現在は独自の取材活動をもとに幅広い媒体に寄稿。著書は90冊以上。

文春新書

1491

子《こ》どもの体験《たいけん》　学《まな》びと格差《かくさ》
負《ふ》の連鎖《れんさ》を断《た》ち切《き》るために

2025年4月20日　第1刷発行

著　者　　おおたとしまさ
発行者　　大松芳男
発行所　株式会社　文藝春秋

〒102-8008　東京都千代田区紀尾井町3-23
電話 (03) 3265-1211（代表）

印刷所　　理想社
付物印刷　大日本印刷
製本所　　大口製本

定価はカバーに表示してあります。
万一、落丁・乱丁の場合は小社製作部宛お送り下さい。
送料小社負担でお取替え致します。

ISBN978-4-16-661491-2